MY
YOGA
CANTEEN

„Schönheit sichtbar machen und das Leben feiern." Ich bin studierte Betriebswirtschaftlerin, habe im Marketing bei Langnese Iglo gearbeitet, in schneller Folge drei Kinder bekommen, auf verschiedenen Kontinenten gelebt, in einem Buchverlag gearbeitet, mein Möbelgeschäft SCALA Wohnen eröffnet, bin Partner bei dem international bekannten Architekten Antonio Citterio geworden, habe gemalt und fotografiert, bin durch Tim Mälzer zur Foodfotografie gekommen. Heiler- und Yogalehrerausbildung folgten. GOYOGA gibt es seit drei Jahren und die Liebe zum Essen ist geblieben.

AUSZUG AUS MEINEM GESPRÄCH ÜBER „MY YOGA CANTEEN" MIT
TIM MÄLZER, DER MICH SEIT JAHREN UNERMÜDLICH DABEI UNTERSTÜTZT,
MEIN EIGENES „DING" ZU MACHEN:

„IN DIESER WELT BIST DU EIN SOLITÄR,
DU MUSST DICH NICHT IN DER KONSUMWELT VERLIEREN,
SONDERN LEBST DAS KONZEPT VON KÖRPER, GEIST
UND SEELE, NICHT WEIL ES GERADE COOL IST, SONDERN WEIL ES
DICH BEWEGT – UND WEIL DU ES AUF RECHT
NATÜRLICHE WEISE IMMER GELEBT HAST."

TIM MÄLZER

INHALT

WARUM ICH DIESES BUCH MACHEN MUSSTE ODER: SO EINFACH IST DAS?

Yoga braucht einen Vermittler oder vielleicht eine Art Dolmetscher. Es ist ein Weg aus der Enge in die totale Freiheit. Eine Freiheit, die nicht mit der Freiheit eines anderen Wesens kollidiert. Klingt fantastisch, oder? Machen wir uns auf. In einer Krise – dann lernt man bekanntlich leichter – kam ich mit Yoga in Kontakt und spürte sehr schnell, dass da etwas ganz Wichtiges für mich passierte. Ein paar praktische Tipps und handfeste Anweisungen, eine regelmäßige Praxis – und ich war vollkommen perplex, wie sonnig mein Leben wurde. „Erkenne deine wahre Kraft, der Guru (die Stimme deiner Weisheit) ist in dir, du bist wundervoll und sehr geliebt": So etwas hatte ich vorher noch nie erfahren, geschweige denn mir erlaubt zu denken. Im Gegenteil. Die Welt war voller hoher Hürden, Verurteilungen und Ängste. Alles musste man sich verdienen. Man selbst war sein schärfster Kritiker. War man nicht glücklich und erfolgreich, hatte man es offensichtlich auch nicht verdient. Dass die Wahrheit eine ganz andere ist, erfahre ich täglich. Ich lernte zu meditieren und wieder zu hören, anstatt zu denken. Ich lernte mit meinem Körper zu sprechen, anstatt ihn zu quälen. Ich lernte weiterzuatmen, wenn mir eigentlich die Luft wegblieb. All dies war mir aus meiner Kindheit sehr vertraut: auf Bäumen zu sitzen und mit allem zu kommunizieren, alles zu hören, alles zu sehen und uneingeschränkt glücklich zu sein. Die Philosophie des Yoga hat mir einen Weg aus der Enge gezeigt. Sie ist so bestechend simpel, klar und umfassend. Sicher, es ist so viel einfacher, an andere zu glauben, auf Fremde zu hören als auf seine eigene innere Stimme. Warum? Vielleicht, weil diese Stimme zunächst einmal nicht so laut ist. Oder hat es etwas mit Verantwortung zu tun? Wenn ich treu die Diätanweisungen eines Kochs, die Lebenshilfetipps eines Gurus oder die Anweisungen meines Partners befolge, kann ich die nämlich auch verantwortlich für die entstandenen Folgen machen. Höre ich aber auf mich, bin ich selbst verantwortlich. **Ich darf mutig sein und natürlich auch scheitern.** Um diesen großen Schritt zu machen, braucht man etwas Hilfe. Die Veränderung tritt auch nicht von heute auf morgen ein. Sie ist ein ewiger Prozess. **Mein persönlicher, unaufdringlicher, stets präsenter, nimmermüder und absolut kompetenter Helfer ist Yoga.** Es hilft dem Körper, besser zu hören, lässt die Seele deutlicher sprechen, schärft das Bewusstsein für die eigene Herzensbotschaft. Spart Schlaf, hält jung, macht schön, wirkt ausgleichend und heilend. Und da wir ja bekanntlich sind, was wir essen, wollte ich etwas zum Thema Yoga und Essen schreiben. Literatur zu den Yogahaltungen gibt es schon genug.

Ich bin Foodfotografin und als Quereinsteigerin zu diesem Beruf gekommen. Ich wollte zeigen, wie schön ein aus guten Zutaten und mit Liebe gekochtes Essen sein kann. Lange Zeit war es vollkommen normal, Haarspray und andere seltsame Hilfsmittel zu verwenden, um ein Gericht so aussehen zu lassen, wie es zu Hause auf dem Teller garantiert niemals aussehen würde – von der vollkommen überdrehten Bildnachbearbeitung am Computer mal ganz abgesehen.

Tim Mälzer machte damit ein für allemal Schluss – und ich durfte seine Fotografin sein. Als ich zögerte, raunzte er nur verschmitzt: „Du musst einfach nur du sein, sonst hätte ich ja eine andere Fotografin beauftragt." So trat das Thema Essen in mein Leben, zusammen mit der Fotografie und dem Yoga.

Ich war schon immer eine leidenschaftliche Köchin und weiß, dass die Liebe durch den Magen geht. Deshalb ist es für mich ganz einfach und beglückend, sich nach yogischen Grundsätzen zu ernähren: Achtsamkeit, Hingabe, Fokus, Disziplin und eine große Portion Selbstliebe. Das ist es.

WAS IST YOGA?

Yoga ist keine Religion, sondern eine jahrtausendealte, alles umfassende Lebensanschauung oder Philosophie, die auf dem achtfachen Pfad (Ashtanga) basiert. Als Erster darüber geschrieben hat der indische Philosoph Panangali. Seine Sutren entstanden vermutlich schon 3.000 bis 5.000 v. Chr. Der erste Kommentar dazu stammt aus dem Jahr 500 v. Chr.

8 LIMBS OF YOGA

SAMĀDHI:
das Höchste, die innere Freiheit

DHYĀNA:
Meditation

DHĀRANĀ:
Konzentration

PRATAYĀHĀRA:
der Umgang mit
den Sinnen

PRĀNĀYĀMA:
der Umgang mit
dem Atem

YAMAS:
der Umgang mit der Umwelt
Ahimsa (Gewaltfreiheit) // **Satya** (Wahrhaftigkeit)
Asteya (Ehrlichkeit) // **Brahmacharya**
(Respekt vor allem Leben) //
Aparigraha (frei von Habgier)

NIYAMAS:
der Umgang mit sich selbst
Saucha (Reinheit) // **Santosa** (Zufriedenheit)
Svadhyaya (Lernen) // **Tapas** (Disziplin)
Ishvara-pranidhana (Hingabe)

ĀSANAS:
der Umgang mit dem Körper

Alle acht Glieder, Arme oder Äste des Yoga bilden eine Einheit. Sie sind nicht als Stufen zu verstehen, sondern stellen einen ganzheitlichen Entwicklungsweg dar. Die „Asanas", die Haltungen, sind dabei nur ein kleiner Teil des Yoga, wenn auch der am stärksten physische. Atmung, Meditation und Konzentration werden immer „feinstofflicher", Yamas und Niyamas sind eher Lebenseinstellungen. Da unser Körper physischer Natur ist, braucht es, um ihn zu erhalten, physischer Pflege. Damit er ein prachtvoller Tempel der Seele bleibt, müssen wir ihn als solchen behandeln. Neben reinen Körperübungen gehört dazu auch eine entsprechende Diät. Der Begriff stammt aus dem Griechischen und bedeutet ursprünglich „Lebensführung" und „Lebensweise". Seit Hippokrates versteht man unter „Diät" die Ernährungsweise.

Um auf dem Weg der Befreiung zu wandeln, ist die Ernährung mindestens so wichtig wie die tägliche Übungspraxis. Unsere Ernährung beeinflusst nicht nur jede Zelle unseres Körpers, alle Stoffwechselvorgänge, die Biochemie, die Psyche. Sie hat auch eine soziale Komponente, kann verbinden und trennen, aufbauen und zerstören. Radikalisiert man seine Diät bis ins sozial Unverträgliche, ist man unter Umständen ein „schlechterer" Yogi, als wenn man Mamas, an ihrem Geburtstag liebevoll geschmorten Sonntagsbraten mit Achtung und Dankbarkeit genießt, anstatt ihn voller

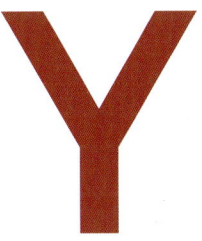

„YOU CANNOT MAKE YOUR LIFE A
REACTION TO OTHERS; YOU MUST MAKE
YOUR LIFE YOUR OWN." YOGI BHAJAN

Abscheu in den Müll wandern zu lassen. Wer seine Gewohnheiten schrittweise verändert, hat meist mehr Aussicht auf dauerhaften Erfolg als mit kopfgesteuerten Radikalwendungen. Genauso kann es für den nordeuropäischen Yogi durchaus sinnvoll und lebensbejahend sein, maßvoll Milchprodukte und Fleisch zu sich zu nehmen. Denn sein Körper ist dies seit Jahrtausenden gewohnt. Das Gemüse und Obst, das nördlich des 49. Breitengrads wächst, lässt sich nicht mit dem vergleichen, das am Äquator gedeiht. Auch die Menschen hier und dort sind anders. Um beim Bild des Körpers als Tempel der Seele zu bleiben: Im Regenwald müssen die Wände des Tempels oft gestrichen werden, in Norwegen vermutlich nicht. Dafür sollte man dort ausreichend heizen, damit es die Seele schön kuschlig hat.

Unser Körper, dieser Tempel, braucht je nach Standort, Alter, Belastung und Ausrichtung entsprechende Pflege. Jeder braucht seine Übungspraxis und jeder braucht seine Ernährung. Ein Yogi darf sich bei jedem Bissen fragen, ob er sich nach seinem Werteschema – und allein dies zählt – auf dem richtigen Pfad zwischen den fünf Yamas und Niyamas befindet. Er selbst darf und muss entscheiden. Muss abwägen, eine ausgeglichene Entscheidung treffen und reinen Herzens seinen Weg finden. Das ist Yoga.

Dazu eine kleine Geschichte: Ein Mönch, der sein Leben lang streng gelebt, entsagt, praktiziert und nach allen Regeln seines Ordens vorbildlich gelebt hat, geht fest davon aus, alles getan zu haben, um die Gnade der Erleuchtung bald zu erfahren. Im hohen Alter begegnet er einer wunderschönen Frau, sieht ihr in die Augen und verliebt sich auf der Stelle. Wie gerne würde er die Schöne zur Frau nehmen. Doch er besinnt sich umgehend auf sein Lebensziel und versucht, sich das schöne Weib aus dem Kopf zu schlagen. Als bald darauf seine Kräfte schwinden und er um Erlösung und Erleuchtung bittet, muss er voller Erschütterung vernehmen, dass es mit der Erleuchtung noch nichts wird. Vollkommen entgeistert bringt er noch hervor, dass er selbst bei seiner letzten Versuchung des Herzens keinen Zentimeter nachgegeben habe. Dabei beschert ihm genau dies – nicht seinem Herzen, sondern einem Dogma gefolgt zu sein – eine neue Runde auf dem Karussell.

GRUNDREGELN YOGISCHER ERNÄRUNG

Yogische Ernährung ist in erster Linie eine Haltung. Die Regeln ergeben sich von selbst aus dem Wort „Yoga", das so viel bedeutet wie „verbinden, vereinigen". Verbunden sein mit allem heißt, ein Teil des Universums zu sein. Daraus ergibt sich der erste Grundsatz: **ACHTSAMKEIT UND RESPEKT GEGENÜBER ALLEM IN DER PHYSISCHEN, PSYCHISCHEN UND GEISTIGEN WELT.**

Kürzlich war ich bei Freunden eingeladen. Klaus ist ein begeisterter Jäger und hatte in tagelanger Arbeit einen kapitalen Hirsch vorbereitet, der jetzt als Braten vor uns lag. Damit nichts dem Prachtstück die Show stahl, hatte seine Frau Mimi praktisch komplett auf Gemüse oder Kartoffeln verzichtet. Was sollte ich tun?

Der Yogi in mir sagt: „Keiner soll für mich sterben." Aber „stirbt", wenn ich den Braten nicht esse, nicht auch mein Gastgeber, der sich mir zu Ehren solche Mühe gegeben hat? Zudem war dieses Tier ja schon gestorben. Sollte es jetzt im Mülleimer enden? **ACHTSAMKEIT** war das Gebot der Wahl: Ich bedankte mich also bei dem Tier dafür, dass es mich nährte, sandte Liebe, genoss das Mahl und nahm mir vor, meine Gastgeber in Zukunft über meine Vorlieben hinsichtlich des Essens in Kenntnis zu setzen. Mimi hat sowieso alles gemerkt.

ACHTSAMKEIT BEI DER AUSWAHL DER LEBENSMITTEL

Im Yogischen unterscheidet man Nahrungsmittel hinsichtlich ihrer Qualität und Eigenschaften. Man geht davon aus, dass die Auswahl der Lebensmittel den Grad der geistigen Reinheit widerspiegelt und dass sich die Vorlieben im Laufe der Zeit verändern.

Eine mögliche Unterteilung ist die in Sonnen-, Boden- und Erdnahrungsmittel: Sonnennahrungsmittel wachsen ab 95 Zentimeter über der Erde. Sie erhalten während ihres Wachstums viel Sonnen- und wenig Erdenergie. Dementsprechend versorgen sie uns vorwiegend mit ätherischer Energie. Zusammen mit etwas Milch ist diese die Nahrung der Yogis und eine ideale Nahrung bei Meditation. Auch ältere Menschen oder solche mit schwerem Knochenbau sollten viele Sonnenfrüchte zu sich nehmen. Bodenfrüchte wie Beerenfrüchte, Getreide, Reis und Kohl wachsen von der Erdoberfläche bis zu 90 Zentimeter über der Erde. Sie sind sehr nahrhaft und haben einen reinigenden Charakter. Erdnahrungsmittel wachsen unter der Erde. Zwiebeln, Knoblauch, Bete und Kartoffeln nehmen viel Erdenergie auf und haben eine äußerst heilende Wirkung. Wenn das Leben gerade sehr fordernd und bewegt ist, können uns diese Lebensmittel gut „erden".

Eine andere Möglichkeit ist es, die Nahrung in den drei Energiequalitäten (Gunas) zu unterscheiden: Sattva (Reinheit, Harmonie, Gleichgewicht), Tamas (Passivität, Trägheit, Zersetzung) und Rajas (Bewegung, Aktivität).

Reinheit, Harmonie, Gleichgewicht im Fluss	Bewegung, Aktivität, Aufregung	Passivität, Trägheit, Zersetzung, blockierte Energien
SATTVA	**RAJAS**	**TAMAS**
Lebensmittel, die beruhigen, den Geist klären, den Verstand schärfen	Lebensmittel, die uns antreiben, binden und Wünsche wecken	Lebensmittel, die dem Immunsystem schaden, den Geist benebeln, negative Emotionen begünstigen
MILCH KRÄUTERTEE GHEE VOLLKORNGETREIDE FRISCHES OBST FRISCHES GEMÜSE HONIG NÜSSE MUNGBOHNEN KRÄUTER	KAFFEE, SCHWARZER TEE GEFLÜGEL EIER ZWIEBELN/KNOBLAUCH LINSEN ZITRUSFRÜCHTE STARK GEWÜRZTE SPEISEN SCHOKOLADE SALZ SÜSSE GETRÄNKE	ROTES FLEISCH ALKOHOL FAST FOOD FRITTIERTES ESSEN GEFRORENE SPEISEN FERTIGGERICHTE INDUSTRIEZUCKER TABAK GERÄUCHERTES ODER FERMENTIERTES MEHRFACH ERWÄRMTES ESSEN
eine Mahlzeit in Ruhe und Frieden	zu schnell essen	zu viel essen

YOGISCHE ERNÄHRUNG HEISST, SATTVA-REINHEIT ZU BEVORZUGEN, SICH VON DEN RAJASIGEN LEBENSMITTELN IM LAUFE DER ZEIT MEHR UND MEHR LOSZUSAGEN UND TAMASISCHE GANZ ZU MEIDEN.

ACHTSAMKEIT BEI DER ZUBEREITUNG oder: mit Liebe gemacht

Wenn etwas mit Liebe gemacht ist, schmecken wir das auch. Das Geheimnis von Mamas bestem, duftendem Geburtstagskuchen ist die Liebe, mit der er gebacken wurde.

Auch dazu eine Geschichte: Ein Ehepaar blieb kinderlos und wandte sich in seiner Verzweiflung an Lord Shiva, eine indische Gottheit. Shiva hatte Erbarmen und versprach ihnen einen Sohn, der aber nur 25 Jahre leben sollte. Das Paar stimmte zu und freute sich über die 25 Jahre mit dem prachtvollen Sohn. Nach 20 Jahren wollte der Vater den Sohn verheiraten. Die Mutter wandte ein, dass es grausam sei, eine junge Frau wissentlich zur Witwe zu machen. Doch ihr Mann erwiderte, dass schon alles seinen guten Weg gehen werde. Er fand ein sehr gläubiges Mädchen, die beiden jungen Leute heirateten und lebten glücklich zusammen.

Der Sohn wurde älter und älter. Seine alten Eltern wollten diesem Rätsel auf die Spur kommen und so beobachteten sie ihre Schwiegertochter durch einen Spalt im Fensterladen beim Kochen. Während die Frau liebevoll die Speisen zubereitete, sang sie ununterbrochen das Mantra „Shiva, Shiva" und betete damit zu Lord Shiva. Alles Essen war erfüllt mit diesem Gedanken. Shiva hört

die Gebete seiner Ergebenen und hielt den Tod fern. Wenn Gedanken Berge versetzen können, dann sind die Gedanken des Kochs garantiert in den Speisen, die er serviert. Schließlich ist spätestens seit dem Film „What the Bleep do we (k)now!?" der quantenphysikalische Nachweis erbracht, dass alles Energie ist, die sich gegenseitig beeinflusst. Dies ist im Übrigen ein Aspekt, warum Fertiggerichte schwerlich nachhaltig und umfassend sättigen.

ACHTSAMKEIT BEI DER PRÄSENTATION oder: Da läuft mir das Wasser im Munde zusammen

Ein schön gedeckter Platz oder Tisch, eine Mahlzeit im Kreise der Familie oder fröhlich ausgelassener Freunde oder der Lieblingstisch beim Stammitaliener sind beinahe ein Garant für ein achtsames Mahl. Man isst die positive Energie beim Essen mit.

Gerade wenn man für sich allein isst, neigt man jedoch gerne dazu, sich nur mal schnell bei offener Kühlschranktür ein Stück Käse und eine eiskalte Kartoffel von vorgestern in den Mund zu schieben. Wenn es gut läuft, wird noch eine Scheibe Brot auf dem Küchentisch geschmiert. Mit dieser in der einen Hand und einem Getränk in der anderen eilt man dann zum Computer, zum Sport oder vor den Fernseher – und alles „verdunstet" irgendwie auf dem Weg.

Wie viel besser ist es, die Kartoffel warm zu machen, vielleicht noch ein Stück Butter dazuzugeben und ein paar frisch gehackte Kräuter, Brot und Käse auf einen Teller zu legen, das Getränk in ein Glas zu füllen und sich zehn Minuten Zeit zum Essen zu nehmen. Der innere Yogi verbeugt sich. Rein physikalisch regt der appetitliche Anblick die Magensäfte an. Die Nahrung trifft so auf eine größere Menge Speichel und Verdauungssäfte, anstatt unser Innenleben komplett unvorbereitet zu überfallen. Selbst der Snack aus der Lunchbox vor dem Computer kann ein Fest an Achtsamkeit und Würde sein, gibt man ihm auf den notwendigen 30 mal 30 Zentimetern seinen Raum, schaltet den PC eine Weile ab, legt vielleicht ein kleines Tuch unter die Box, wäscht sich vor dem Essen die Hände und bedankt sich für die Mahlzeit.

BEREICHERE DEINE MAHLZEIT oder: das Tischgebet

Das gute alte Tischgebet gibt es in allen Kulturen und ihm liegt immer dieselbe Idee zugrunde: „Mit Liebe gemacht." Wir bedanken uns beim Universum und schenken unserer Mahlzeit einen freudigen, dankbaren Schwall an Emotion – positive Energie! So ist sie reicher und schmeckt besser. Auch als vollkommen unreligiöser Mensch muss man zugeben: Wir sind aus Materie und wir verwenden Materie zu unserem Erhalt. Dafür könnte man dankbar sein.

ZUSAMMENGEFASST HEISST YOGISCHE ERNÄHRUNG: GEHE ACHTSAM UND RESPEKTVOLL MIT DIR UND DEM DICH UMGEBENDEN UNIVERSUM UM. ES GIBT KEINE VERBOTE UND KEINE ZWÄNGE. ES GILT DAS GESETZ VON URSACHE UND WIRKUNG.

F

FRÜHSTÜCKSIDEEN

TUT AM MORGEN GUT –
ODER WANN IMMER MAN SICH DANACH FÜHLT

FRÜHSTÜCKSIDEEN

Was die Nahrungsaufnahme angeht, beginnt der Yogi den Tag nicht mit dem Frühstück, sondern mit einem Glas warmem Wasser. Damit füllt er nicht nur das in der Nacht entstandene Flüssigkeitsdefizit auf. Das Wasser regt auch Leber und Nieren an, bringt den Darm in Schwung und fördert die Blutzirkulation. Alles das könnte zwar auch eine Tasse duftender, pechschwarzer Kaffee. Der Kaffee tut aber daneben einiges, was die genannten Organe eher herausfordert als entlastet. Strahlend, schön und elastisch sind wir nur, wenn auch unsere Leber, unsere Niere, unser Magen und unser Darm Grund zum Strahlen haben.

ESSEN AM MORGEN oder: Wie beginne ich einen frohen Tag?

Was Menschen als erste Mahlzeit des Tages zu sich nehmen, hängt davon ab, wo sie herkommen und/oder leben. Mittags und abends essen wir multikulti – italienisch, persisch, indisch, japanisch und manchmal auch englisch. Aber zum Frühstück gibt es meist das, was in unserem eigenen Kulturkreis gebräuchlich ist. In Frankreich ist das ein Croissant, in Italien ein Brioche. In England sind es Eier und Speck, in Japan ist es eine Suppe.

Yogisch zu frühstücken, heißt, erst einmal herauszufinden, was einem guttut. Nach welchem Essen möchte ich mich aufmachen und meinen Tag gestalten? Wann fühle ich mich leicht gesättigt und gekräftigt? Leider gibt es kein Patentrezept für das perfekte Frühstück für alle. Aber ein paar Empfehlungen gibt es durchaus.

Grundsätzlich gilt:

+ Warm ist besser als kalt. Wir sind warme Wesen. Essen mit Körpertemperatur erspart dem Körper unnötigen Energieaufwand.

+ Feucht ist besser als trocken. Crunchy-knusprig ist köstlich, aber für die Verdauung am Morgen eine Granate. Gut gequollener Porridge hingegen sorgt im Magen für angenehme Wohligkeit, ein anhaltendes Sättigungsgefühl und tiefen Frieden.

+ Eiweiß und frisches Obst sind zusammen eine explosive Mischung. Denn die Milch verklumpt und das Obst gärt. Besser nur für eins entscheiden.

REISFLOCKEN MIT APFELDICKSAFT

Für 1 Person | vegetarisch, ohne Kuhmilch und Naturjoghurt auch vegan

3 EL Reisflocken
1 EL geschrotete Leinsamen
1 EL Dinkelkleie
Etwas Kuhmilch, Sojadrink
    oder Naturjoghurt

Zum Abschmecken (nach persönlicher Vorliebe):
Apfeldicksaft, Agaven-
dicksaft, Honig, Frucht-
aufstriche, Sanddorn-
saft, Fruchtessenzpulver,
Kokosraspel, Zimt,
Kurkuma

Reisflocken, Leinsamen und Dinkelkleie am Vorabend mit 75 ml Wasser verrühren, damit Flocken und Samen ausquellen können. Stellt man sie dazu an einen warmen Ort, ist der Porridge zum Frühstück auch noch herrlich warm. Die Quellzeit verkürzt sich auf etwa 1 Stunde, wenn man die Flocken mit kochendem Wasser übergießt.

Am Morgen je nach Geschmack noch etwas Wasser sowie ein wenig Kuhmilch, Sojadrink oder Joghurt unterrühren und individuell abschmecken.

WER MORGENS bisher am liebsten Brot mit Nuss-Nougat-Creme gegessen hat, kann auch geraspelte Bitterschokolade in den Porridge rühren – schmeckt genauso gut (oder besser) und enthält weniger Fett, Zucker und Konservierungsstoffe.

LEINSAMEN SIND besonders reich an mehrfach ungesättigten Omega-3-Fettsäuren. Das in ihnen enthaltene Öl hat erwiesenermaßen eine heilende Wirkung auf die Knochenmineraldichte (Osteoporose) und ist eine wahre Wunderwaffe bei Verdauungsbeschwerden. Die in Leinsamen enthaltenen Ballaststoffe überziehen die Magen-Darm-Schleimhaut mit einem schützenden Film, beruhigen und wirken gegen Verstopfung. Die günstige Zusammensetzung hilft mit dem ebenfalls reichlich vorhandenen Vitamin E bei der Regulation eines überhöhten Cholesterinspiegels.

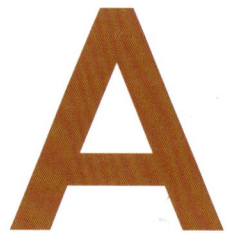

ACHTSAMKEIT BEI DER AUSWAHL DER ZUTATEN, ACHTSAMKEIT BEI DER ZUBEREITUNG, ACHTSAMKEIT BEI DER PRÄSENTATION. FREUDE BEIM ESSEN.

HIRSECREME MIT ODER OHNE ZIMT

Für 1 Person | vegan

4 EL Hirse
9 EL Haferdrink
1 EL Nussmus
1 EL Agavendicksaft

1 TL Zimt (nach Geschmack)
1 Apfel oder Fruchtkompott
   nach Wahl

Am Vorabend die Hirse mit dem Haferdrink in einen Topf geben und im Kühlschrank quellen lassen. Am Morgen etwas Wasser zugeben und die Hirse kurz aufkochen. Nussmus, Agavendicksaft und Zimt unterrühren. Je nachdem, wie fest oder flüssig der Porridge sein soll, mehr oder weniger Flüssigkeit verwenden. Den Apfel schälen, das Kerngehäuse entfernen, das Fruchtfleisch reiben oder in sehr feine Würfel schneiden und über den Porridge geben. Alternativ das Kompott unterrühren.

DIE KOMBINATION aus Obst und Eiweiß verursacht schnell einmal Bauchweh und Blähungen. Daher empfiehlt es sich, das Obst sehr klein zu schneiden oder zu reiben. Dann ist es leichter verdaulich, bleibt also nicht so lange im Magen und gärt folglich auch nicht.

NATÜRLICH DETOX

Für 1 Person | vegan, glutenfrei

Dafür stelle ich mich sogar frühmorgens an den Herd – lässt man die Hirse mit den Aprikosen und dem Vanillepulver über Nacht in der Mandelmilch quellen, muss man am nächsten Morgen alles nur noch kurz erhitzen und den Tee sowie die Orangenschale zugeben. Das spart Zeit.

20 g getrocknete, unge-
   schwefelte Bio-Aprikosen
¼ l Mandeldrink

3–4 EL Hirse
¼ TL Vanillepulver
1 Beutel Yogi-Tee „Detox"

Geriebene Schale von
   ½ Bio-Orange

Aprikosen in Streifen schneiden und zusammen mit dem Mandeldrink, der Hirse und dem Vanillepulver in einem Topf bei geringer Hitze etwa 15 Minuten kochen lassen. Kurz vor Ende der Garzeit den Inhalt des Teebeutels dazugeben. Den Topf vom Herd nehmen und die abgeriebene Orangenschale unterrühren. Sollte der Porridge zu fest sein, noch etwas Mandeldrink oder warmes Wasser zufügen.

HIRSE IST ein äußerst mineralstoffreiches Getreide. Weil sie viel Silizium (Kieselsäure) enthält, ist sie besonders für Frauen ab 45 zu empfehlen. Silizium ist gut für Haut und Schleimhäute und hilft bei Arthrose. Außerdem ist Hirse glutenfrei. Für uns alle ist es besser, weniger Gluten zu uns zu nehmen. Gluten greift die Darmschleimhaut an und kann verschiedene entzündungsbedingte Krankheiten verursachen.

CRUNCHY KERNE- UND SAATENMÜSLI

Ergibt 1 Kilo – ein Wochenvorrat oder ein Mitbringsel zum Brunch | vegan, glutenfrei

125 g Mandeln (mit Haut)
500 g Buchweizen
50 g geschrotete oder
   gemahlene Leinsamen
50 g Sesamsaat
50 g gepoppter Amarant

50 g Kürbiskerne
100 g Kokosfett
50 ml Olivenöl
3 Tropfen Vanillearoma
½ TL Zimt

Geriebene Muskatnuss
Meersalz
50 g Kokosflocken
100 g Sultaninen oder
   Weinbeeren

Den Backofen auf 150 Grad Umluft vorheizen und 2 Backbleche mit Backpapier auslegen. Mandeln, Buchweizen, Leinsamen, Sesam, Amarant und Kürbiskerne in einer großen Schüssel vermengen. Kokosfett, Olivenöl und Vanillearoma mit 100 ml Wasser in einem kleinen Topf unter ständigem Rühren behutsam erhitzen. Die Mischung vom Herd nehmen und Zimt sowie je 1 Prise Muskatnuss und Meersalz einrühren. Über die trockenen Zutaten geben, alles gut durchmischen und die Masse auf den beiden Backblechen verteilen. Die Mischung etwa 50 Minuten im Ofen trocknen, wenden, dann die Hitze auf 130 Grad reduzieren und das Ganze weitere 35–40 Minuten rösten. Nach dem Auskühlen die Kokosflocken und Sultaninen oder Weinbeeren untermischen und das Müsli luftdicht verschlossen aufbewahren.

DAS MÜSLI schmeckt wunderbar mit Datteln und Magermilchjoghurt. Aber Vorsicht bei Milchprodukten und frischem Obst!

MIT WEIZEN hat Buchweizen nichts zu tun. Das „Pseudogetreide" enthält viel Lysin, ein Eiweiß, das die Knochensubstanz stärkt und besonders für Diabetiker geeignet ist. Sein Geschmack ist intensiv und leicht bitter-nussig. Es ist ein guter Ersatz für Reis, reichert Suppen an und eignet sich für Müslis, Frikadellen, als Salat-Topping oder zum Backen. Da es jedoch kein Klebereiweiß enthält, muss man es beim Backen mit Getreidemehl mischen. Buchweizen oxydiert schnell, deswegen ist es ratsam, immer nur kleine Mengen einzukaufen, die unmittelbar verbraucht werden. Buchweizenkörner wollen gut gewaschen werden, um möglichst viel des roten Farbstoffs aus der Schale zu spülen.

AMARANT-JOGHURT-POP

Für 1 Person | vegan, glutenfrei

60 g gepoppter Amarant
260 g Sojajoghurt
4 EL Agavendicksaft
1 Msp. gemahlene Vanille

150 g Himbeeren (frisch
    oder TK)
10 g Kokosflocken (Natur
    oder geröstet)

Amarant mit Sojajoghurt verrühren. Agavendicksaft mit Vanille mischen und die Himbeeren damit marinieren (TK-Beeren vorher in einem Topf bei sanfter Hitze auftauen). Sojajoghurt und Beeren in ein Glas oder Schälchen schichten und mit Kokosflocken bestreuen.

HIMBEEREN SIND sehr leicht verdaulich, was das Risiko für Blähungen und Bauchweh, etwa gegenüber Äpfeln oder Birnen, deutlich verringert. Es lohnt sich also, immer eine Packung TK-Beeren im Eisfach zu haben.

 AMARANT IST auch ein Powerkorn, das kein Getreide ist. Er hat einen hohen Proteingehalt und ist reich an Ballaststoffen, enthält aber nur wenig Kohlenhydrate und gar kein Gluten.

„Unsere Nahrungsmittel
sollten Heil-, unsere Heilmittel
Nahrungsmittel sein."
**HIPPOKRATES VON KOS,
GRIECHISCHER ARZT**

**DEIN WEG BEGINNT DORT,
WO DU AUFHÖRST, ANDEREN ZU FOLGEN.**

KÜRBIS-HAFER-MÜSLI AM STÜCK

Ergibt ca. 4 Stück, je nach Größe | vegan

20 g Kakaobutter
4 EL Reissirup
¼ TL Vanilleextrakt
2 Beutel Yogi-Tee
    „Frauen Power"*
30 g Haferflocken

30 g Kürbiskerne
30 g Hanfsamen

* Hibiskus, Süßholz,
  Pfefferminze, Himbeer-
  blätter, schwarzer

Pfeffer, Angelikawur-
zelextrakt, Zimt,
Ingwer, Kardamom,
Nelken – auch für
Männer nicht unge-
eignet.

Die Kakaobutter bei mittlerer Hitze in einer Pfanne schmelzen. Reissirup, Vanilleextrakt sowie den Inhalt der Teebeutel zugeben. Mit Haferflocken, Kürbiskernen und Hanfsamen gut vermischen. Die Masse 10–15 Minuten ins Tiefkühlfach stellen und anschließend zu 4 rechteckigen Riegeln formen. Diese nochmals 10–15 Minuten einfrieren, danach in Backpapier wickeln und entweder in einem geschlossenen Glasbehälter aufbewahren, gleich „verknuspern" oder verschenken.

HAT MAN das Prinzip „Riegel" einmal verinnerlicht, bietet es großartige Variationsmöglichkeiten und passt in viele Nischen: als Nachmittagssnack, auf Reisen, im Bus oder in der Schule.

FRÜHSTÜCKSKLASSIKER SMOOTHIE*

* „Smooth" ist englisch und bedeutet auf Deutsch „geschmeidig, sanft, ausgeglichen, mild, lässig, stufenlos und sämig".

Mit den Portionsangaben tue ich mich hier sehr schwer, denn die „richtige" Portion Smoothie muss jeder für sich ausprobieren. Isst man noch etwas anderes zum Smoothie, enthält er viel Banane oder eher mehr Wasser, ist er ein kleiner Zwischenkick oder ein grundlegendes Frühstück?

Abends vor dem Schlafen sind rohes Obst und Gemüse für die meisten Menschen eher nicht zu empfehlen. Möchte man aber unbedingt etwas „Frisches" zu sich nehmen, ist ein Smoothie sicher die bessere Variante als ein Teller Salat oder ein Apfel. Der Magen hat bekanntlich keine Zähne und der Blender übernimmt in diesem Falle einen wichtigen Job.

MANGO-HONIG-POWERDRINK
Für 2 Personen | vegetarisch

2 reife Mangos (ca. 500 g)
300 g Naturjoghurt
2 EL Akazienhonig

2 Msp. frisch gemahlener Kardamom
100 ml kaltes Mineralwasser

2 Stängel frische Minze

Mangos vom Kern befreien und schälen. Das Fruchtfleisch würfeln und mit Joghurt und Honig im Mixer pürieren. Kardamom dazugeben, mit Mineralwasser auffüllen und alles durchmischen. Auf zwei Gläser verteilen und mit je 1 Minzestängel garnieren.

AVOCADO-APFEL-POWERDRINK

Für 2 Personen | vegetarisch

Fruchtfleisch von 1 reifer
   Avocado
200 ml Apfelsaft, naturtrüb
   (sehr kalt)
200 g Kefir

1 EL Ahornsirup
2 TL frisch gepresster
   Limettensaft
1 Msp. Zimt

Das Avocadofruchtfleisch mit dem Apfelsaft fein pürieren. Kefir, Ahornsirup, Limettensaft und Zimt zugeben, noch einmal durchmixen und je nach Geschmack für mehr Flüssigkeit zusätzlich etwas Apfelsaft zugeben.

ZUM THEMA kalt oder warm: Ich persönlich bevorzuge gerade morgens zimmerwarme Smoothies. Wer es aber gerne kalt mag, kann genauso auch gekühlte Zutaten verwenden. Fast nichts ist immer richtig, der Yogi fragt sich also am besten: „Was für ein Tag ist heute? Wonach ist mir?"

BANANEN-KOKOS-DRINK

Für 1 Person | vegan

2 Bananen (ca. 250 g
   Fruchtfleisch)
Saft von 2–3 Limetten

400 ml gekühltes
   Kokoswasser
Vanillepulver

Die geschälten Bananen mit Limettensaft und dem Kokoswasser pürieren, mit 1 Prise Vanillepulver und je nach Geschmack mehr Limettensaft abschmecken.

WER NICHT so gerne Bananen isst, ersetzt sie in diesem Rezept durch Wassermelone. Anstelle der Vanille wird dann mit Muskat und Cayennepfeffer gewürzt. Ist eine ganz andere Sache, aber sehr erfrischend und leicht.

BESSER ALS BROT

Ergibt 1 Laib | vegetarisch, mit Kokosöl auch vegan

135 g Sonnenblumenkerne
90 g Hanfsamen, geschält
65 g Haselnüsse oder
   Mandeln

145 g Haferflocken
2 TL Chiasamen
4 EL Flohsamen (Info S. 164)
1 TL feines Meersalz

1 EL Ahornsirup
3 EL Ghee oder geschmol-
   zenes Kokosöl

Alle trockenen Zutaten in einer weichen Silikon-Kastenform vermischen. Ahornsirup, Ghee oder Kokosöl mit 350 ml Wasser in einem Messbecher verrühren und zu den trockenen Zutaten in die Backform geben. Alles gründlich miteinander vermengen. Falls der Teig zu zäh wird, noch etwas Wasser zugeben (maximal 1 TL). Die Oberfläche mit der Rückseite eines Löffels glatt streichen und den Teig mindestens 2 Stunden, besser noch über Nacht, ruhen lassen. Er ist reif, wenn er auch beim Aufbiegen der Silikonform seine Form nicht verliert.

Den Backofen auf 180 Grad Umluft vorheizen und das Brot in der Form auf der mittleren Schiene 20 Minuten backen. Den Laib aus der Backform stürzen und mit der Unterseite nach oben noch einmal 30–40 Minuten backen. Klopft man am Ende der Garzeit auf das Brot, sollte es etwas hohl klingen. Und nun wird es schwierig: Das Brot muss nämlich leider ausküh-len, da es sich sonst kaum schneiden lässt. Dafür hält es dann (theoretisch) bis zu 5 Tage.

BEI DIESEM Brot ist es wichtig, die Flüssigkeitsmenge genau einzuhalten.

WER EINE normale Kastenform verwendet, muss diese so mit Backpapier auslegen, dass man das Brot nach dem Backen damit herausheben kann.

VEGANES SUPERBROT FÜR ORGANISIERTE*

* Organisiert: Backferment ist eine Art Sauerteig, der sehr lange gehen muss. Das bedeutet nicht mehr Arbeit, man muss den Teig nur rechtzeitig ansetzen. Das sehr bekömmliche, mild-saure Backtriebmittel gibt es im Bioladen.

Ergibt 1 Laib | vegan

20 g Backferment
550 g Dinkelmehl
100 g Cranberrys
20 g Gojibeeren
100 g Trockenpflaumen

100 g Cashewnüsse
50 g Haselnusskerne, geröstet
30 g gepoppter Amarant
50 g Leinsamen

100 g Agavendicksaft
½ TL Meersalz
Öl für die Form

350 ml lauwarmes Wasser in eine Schüssel geben. Erst das Backferment, dann 300 g Dinkelmehl mit einem Holzlöffel einrühren und mit etwas Mehl bestäuben. Die Schüssel in eine Tüte hüllen und nur einen kleinen Spalt offen lassen. Dann ein Küchentuch um alles schlagen und den Vorteig an einem warmen Ort bei 30–35 Grad 12 Stunden ruhen lassen.

Weitere 150 ml warmes Wasser in den Vorteig rühren, das restliche Dinkelmehl einarbeiten und alles wieder gut eingewickelt weitere 5–6 Stunden gehen lassen. Der Teig sollte jetzt sichtbar größer geworden sein.

Den Backofen auf 180 Grad Umluft vorheizen. Trockenfrüchte und Nüsse grob hacken und mit Amarant, Leinsamen, Agavendicksaft und Salz unter den Teig heben. Die gesamte Teigmasse in eine geölte Kastenform geben und im heißen Backofen 60 Minuten backen. Ein mit heißem Wasser gefülltes feuerfestes Schüsselchen auf dem Boden des Backofens sorgt dafür, dass das Brot beim Backen nicht zu trocken wird. Nach dem Backen sollte das Brot auskühlen – also braucht man wieder etwas Geduld, bevor man es in Scheiben schneidet.

EIN SELBST gebackenes Brot ist ein wunderbares Geschenk oder, für den Geburtstag in der Firma, mit Frischkäse und etwas Fruchtaufstrich eine tolle Alternative zum buttrigen, zuckrigen Blechkuchen vom Bäcker nebenan.

D

DAS UNGESUNDE SOLL
MAN ENTWEDER SEIN LASSEN
ODER REUELOS TUN.

 # SÜSSSUNGSMITTEL

DICKSAFT ist ein stark konzentrierter und somit dickflüssiger Saft, der aus frischen Früchten gewonnen wird. Weil er mehr Fruchtzucker als normaler Saft enthält, eignet er sich als Zuckerersatz, hat aber einen deutlichen Eigengeschmack.

SIRUP dagegen ist eine dickflüssige, konzentrierte Lösung, die aus zuckerhaltigen Flüssigkeiten wie Zuckerwasser, Zuckerrübensaft, Säften oder Pflanzenextrakten gekocht wird. Diese werden dazu mit Wasser erhitzt, anschließend gesiebt, nochmals mit Zucker vermischt und erneut aufgekocht.

AGAVENDICKSAFT ist der Saft der blauen Agave. Er hat einen hohen Fruktoseanteil und kann daher in hohen Dosen abführend wirken, die Leber schädigen, sich negativ auf den Fettstoffwechsel auswirken und Gicht verursachen. Zudem muss er aus Mexiko importiert werden, was die Ökobilanz verschlechtert. Dem sollte man sich als Yogi bewusst sein („Ich bin ein Teil des Universums").

Die unter dem Gesundheitsaspekt beste Zuckeralternative sind Honig und Stevia, wobei der Geschmack des Letztgenannten nicht jedem gefällt. Wir essen auch für die Sinne und besonders ein Nachtisch darf gerne eine kleine Seelenschmeichelei sein. Angemessene Achtsamkeit sollte auch hier das Maß der Dinge bestimmen. Nimmt man wenig bis keinen Industriezucker zu sich, merkt man schon nach ein bis zwei Wochen, dass Speisen und besonders Gebäck, die aus dem normalen Supermarktregal kommen, nicht mehr schmecken. Die scharfe Süße ist auf der Zunge unangenehm. So fängt man ganz von selbst an, Süßes mit Trockenfrüchten und Honig „normalen" Müsli- und Schokoriegeln vorzuziehen.

Dinge ändern sich wie von selbst, wenn man einen vergleichsweise kleinen Anstoß gibt – zum Beispiel mit den Riegeln und Keksen in diesem Buch – und dann auf den eigenen Körper hört.

SONNTAGSTAUGLICHES DINKEL-MILCH*-BROT

* Die Milch macht das Brot saftig und gibt einen sehr feinen Geschmack.

Ergibt 1 großen oder 2 kleine Laibe | vegan

500 g Dinkelmehl Type 630
1 Päckchen Bio-Trocken-
　hefe
1 TL Salz

¼ l Kokosmilch oder
　Mandeldrink
Öl für die Form

Das Dinkelmehl in eine große Schüssel sieben und die Trockenhefe untermischen. Salz und Kokosmilch oder Mandeldrink (Zimmertemperatur) und 50 ml lauwarmes Wasser dazugeben und einen geschmeidigen Teig kneten. Diesen mit etwas Mehl bestäubt und mit einem feuchten Tuch abgedeckt an einem warmen Ort etwa 60 Minuten gehen lassen, bis sich das Volumen in etwa verdoppelt hat.

Den Backofen auf 200 Grad Umluft vorheizen. Den Teig erneut durchkneten, in eine geölte Kastenform geben und zugedeckt noch einmal 20 Minuten gehen lassen. Im heißen Ofen 40–45 Minuten backen (kleine Laibe etwas kürzer). Das Brot ist gut gebacken, wenn es sich beim Klopfen auf die Unterseite etwas hohl anhört.

DIE GRÖSSE eines Brotlaibs kann man immer anhand der Menge oder des Gewichts der Laibe abschätzen. Aus dieser Menge Teig kann man einen „normalen" Laib Brot backen oder zwei kleine Laibe, die dann – etwas Gefühl ist auch hier gefragt – etwas kürzer in den Ofen kommen.

DEFTIGE SANDWICHES

Zucchini-Minz-Frittata auf gegrilltem Amarant-Reis-Brot –
vegetarisch

Satte Schnitte: Avocado, Ziegenkäse, Sauerteig – vegetarisch

Gemüsefrikadelle, die wirklich kein Fleisch braucht – vegetarisch

CRUNCHY SNACKS

Granola im Stück ohne Nüsse – vegetarisch

Amarant-Riegel mit Alibiobst – vegan, glutenfrei

Lunch-Kekse – vegetarisch

Vogelkekse mit Chiasamen – vegan

QUICK & HEALTHY

Aubergine mit Safranjoghurt – vegetarisch, glutenfrei

Wintercouscous oder beste Reste – vegan

Backofengemüse für Männer und Frauen – vegan, glutenfrei

T
TO GO

TO GO

Essen immer und überall, das ist heute unsere Realität. Dort, wo Yoga entstand, gab es diese Form der Dauerbeschallung mit „leckeren" Bildern nicht. Es gab keine Verführer aus dem Chemielabor, die zum Kauf backfrischer Brötchen aus der Tiefkühltruhe verleiten sollten. Keine Geschmacksverstärker, die auch dem noch so langweiligen Fleisch oder Gemüse den volkswirtschaftlich notwendigen Suchtfaktor verpasst.

„To go" hat also zwei Aspekte: Ich habe keine Zeit „to sit" oder ich habe keine Möglichkeit to „to cook".

ZEIT GIBT EINEM KEINER, ZEIT NIMMT MAN SICH. NIMM DIR ZEIT, BEWUSST ZU ESSEN. GIB AUCH DEINER SCHNELLEN MAHLZEIT AUF DER BAHNHOFSBANK, AUF DEM WEG ZUR ARBEIT ODER IM AUTO EINEN MOMENT DER DANKBARKEIT, EBENSO WIE ALLEN, DIE DAZU BEIGETRAGEN HABEN. ATME EINMAL TIEF DURCH UND LASS DICH DANN SATT MACHEN.

Vor allem Männer brauchen für eine gesunde Ernährung eine ruhige und entspannte Atmosphäre während der Mahlzeit, keine physische oder psychische Belastung, dafür aber ein gut zubereitetes Essen aus guten Zutaten und genug Zeit. Schnelles Essen zwischen Tür und Angel belastet ihr Nervensystem deutlich mehr als das der Frau. Schlaflosigkeit und Potenzprobleme sind gute Indikatoren für eine entsprechende Überbelastung.

Frauen dagegen sollten Salz und Zucker meiden, die gerade in vielen Fertigsnacks stecken. Sie sind die größten Feinde unserer Ausstrahlung und Schönheit. Dazu gilt wie bereits gesagt: Die Nahrung sollte in 18 Stunden verdaut sein. Fleisch und Hartkäse brauchen deutlich länger. Was bleibt uns eiligen Menschen also, wenn wir uns auf die Kochkunst einer Fast-Food-Kette verlassen müssen oder schon immer auf dem Weg zur Firma unser Schinken-Käse-Brötchen gegessen haben? Vorausplanen oder zumindest den Moment dankbar und bewusst wahrnehmen und genießen. Irgendwann merken wir, dass es uns besser geht, wenn wir Gutes und in Ruhe essen. Und dann bleiben wir (meistens) auch dabei.

ZUCCHINI-MINZ-FRITTATA AUF GEGRILLTEM AMARANT-REIS-BROT*
DEFTIGES SANDWICH

* Dieses Brot gibt es mittlerweile in sehr vielen Biobäckereien. Es ist ein leicht verdauliches, helles Brot.

Für 4 Personen | vegetarisch

100 g Ziegenfrischkäse

3 EL Milch

4 Eier

2 Zweige Minze, bis auf ein paar Blättchen fein gehackt

Frisch gemahlener Pfeffer

1 EL Olivenöl

10 g Butter

300 g Zucchini, in 1 cm große Würfel geschnitten

8 Scheiben Amarant-Reis-Brot

Salz

Die Hälfte des Ziegenfrischkäses mit der Milch glatt rühren. Die Eier verquirlen, die Frischkäse-Milch-Mischung sowie die gehackte Minze dazugeben, leicht pfeffern und alles noch mal gut miteinander verquirlen.

In einer Pfanne Olivenöl und Butter erhitzen und die Zucchiniwürfel unter Rühren einige Minuten darin andünsten. Die Temperatur herunterschalten, die Eimasse über die Zucchini geben und den restlichen Ziegenkäse in Flocken darüber verteilen. Sobald die Frittata stockt, den Herd ausschalten, die Pfanne aber auf der Platte lassen und die Masse fertig braten.

Die Brotscheiben scharf anrösten, mit etwas Salz bestreuen, die Hälfte davon mit je ¼ Frittata belegen und dann die restlichen Brote darauflegen. Mit den restlichen Minzeblättchen garnieren.

WENN MAN nicht alles auf einmal isst, kommt der Rest der Frittata in den Kühlschrank – für den Abend mit einer Portion Salat oder für noch ein Sandwich am nächsten Tag.

SATTE SCHNITTE: AVOCADO, ZIEGENKÄSE, SAUERTEIG

Für 1 Person | vegetarisch

1 reife Bio-Avocado
Etwas Zitronensaft
1 dicke Scheibe Sauerteigbrot

1 EL Limonenöl (wahlweise
   Olivenöl und etwas Zitronensaft)
100 g Ziegenfrischkäse

1 Handvoll Babyspinat
Grob gemahlener Pfeffer

Die Avocado halbieren, den Stein entfernen, das Fruchtfleisch mit einem Löffel auslösen und grob würfeln. Sofort mit Zitronensaft beträufeln. Das Sauerteigbrot rösten und auf einer Seite mit Limonenöl beträufeln. Den Ziegenfrischkäse darauf verteilen und die Avocado auftürmen. Mit Babyspinat und grob gemahlenem Pfeffer bestreuen.

 WENN MAN nur ½ Avocado benötigt, kann man die andere ungeschälte Hälfte in einem verschließbaren Behälter im Kühlschrank aufbewahren. Damit das Fruchtfleisch nicht braun wird, legt man die Avocado mit dem Schale nach unten auf eine in große Stücke geschnitte rote Zwiebel. Die Zwiebeldämpfe konservieren die grüne Farbe und Frische. Und weil nur die Schale mit der Zwiebel in Kontakt ist, verändert sich der Geschmack nicht. Die Zwiebel kann anschließend problemlos zum Kochen verwendet werden.

Eine andere Möglichkeit: Man benetzt die Schnittfläche mit etwas Olivenöl oder Zitronensaft und bewahrt die Avocado dann in einem luftdichten Behälter auf. Auch das verlangsamt die Oxidation.

GEMÜSEFRIKADELLE,
DIE WIRKLICH KEIN FLEISCH BRAUCHT

Für 2–3 Personen | vegetarisch

150 g mittelgrober Grünkernschrot

50 g grober Dinkelschrot

400 ml Gemüsebrühe

1 EL Pflanzenöl

1 Zwiebel, geschält und fein gewürfelt

1 Knoblauchzehe, geschält und fein gewürfelt

1 kleine Stange Lauch, geputzt und in feine Würfel geschnitten

2 Eier

¼–½ TL mittelscharfes Currypulver

Meersalz

Frisch gemahlener schwarzer Pfeffer

Öl zum Braten

Grünkernschrot und Dinkelschrot mit der Gemüsebrühe in einem Topf gut verrühren und einmal aufkochen lassen. Die Temperatur dann auf ganz niedrig herunterregeln und das Getreide abgedeckt 15 Minuten leise vor sich hin simmern lassen. Den Topf vom Herd nehmen und 10 Minuten stehen lassen.

Das Pflanzenöl in einer Pfanne erhitzen. Zwiebel, Knoblauch und Lauch darin glasig dünsten. Vom Herd nehmen und abkühlen lassen.

Die Eier verquirlen und zu der kalten Zwiebel-Knoblauch-Lauch-Mischung geben. Getreide ebenfalls dazugeben, mit Currypulver, Salz und Pfeffer würzen und alles gründlich vermengen. Kleine Frikadellen aus der Masse formen – dazu gegebenenfalls die Hände zwischendurch immer wieder etwas anfeuchten.

In einer weiteren Pfanne etwas Öl erhitzen und die Frikadellchen bei mäßiger Hitze und mit etwas Geduld goldbraun braten.

 **IM YOGA** geht es nicht darum, Kopfstand zu üben, sondern darum, auf den eigenen Füßen zu stehen.

N

AUF EIN ÜBERLEBEN AUF DER ERDE SO STEIGERN WIE DER
SCHRITT ZU EINER VEGETARISCHEN ERNÄHRUNG."

ALBERT EINSTEIN

GRANOLA IM STÜCK OHNE NÜSSE

Ergibt ca. ½ Din-A4-Seite-große Platte | vegetarisch

150 g Butter
1 EL Zuckerrübensirup
220 g zarte Haferflocken
¼ TL Zimt
80 g Rohrohrzucker

100 g Dörrpflaumen, fein
   gewürfelt
100 g getrocknete Feigen,
   fein gewürfelt
2 EL ungeschwefelte
   Rosinen, fein gewürfelt

Den Backofen auf 160 Grad Umluft vorheizen. Die Butter schmelzen und den Zuckerrübensirup unterrühren. In einer Schüssel Haferflocken, Zimt und Rohrohrzucker vermischen, die warme Butter-Sirup-Mischung dazugeben und alles gründlich durchkneten.

Eine Kastenform mit Backpapier auslegen. Die Hälfte der Haferflockenmasse in die Form drücken. Die gewürfelten Trockenfrüchte darauf verteilen und ebenfalls festdrücken. Schließlich die restliche Haferflockenmasse einfüllen und alles sehr gut festdrücken.

Nun wird alles 20 Minuten im Ofen gebacken. Die Haferflocken sollten nicht zu braun werden, daher die Form eventuell rechtzeitig mit einem Stück Backpapier abdecken. Die Masse nach dem Backen noch heiß in Stücke, Rhomben oder Streifen schneiden. Abkühlen lassen und luftdicht verschlossen sowie kühl aufbewahren. Zusammen mit einem Stück Obst hat man dann einen kleinen Nachtisch oder einen Nachmittagssnack.

AUCH DER Magen braucht eine Pause. Es ist daher ratsam, zwischen zwei Mahlzeiten oder auch Snacks zwei Stunden vergehen zu lassen.

AMARANT-RIEGEL MIT ALIBIOBST

Ergibt ca. 20 Stück, je nach Größe | vegan, glutenfrei

320 g Kakaobutter

240 g gepoppter Amarant

2 TL gemahlene Vanille

160 g getrocknete Kirschen
   oder Cranberrys

240 g Agavendicksaft

200 g weißes Mandelmus

40 g Bio-Kakao

2 TL Zimt

1 Prise feines Meersalz

Die Kakaobutter im heißen Wasserbad langsam schmelzen und anschließend sorgfältig mit allen anderen Zutaten vermischen. Die Masse etwa 1½ cm dick in eine eckige Brownie-Form oder auf einem mit Backpapier ausgelegten tiefen Backblech verteilen. Mit einem weiteren Backpapier bedecken und die Oberfläche glätten. Für ein paar Stunden in den Kühlschrank stellen. Wenn die Masse vollständig erkaltet ist, in Riegel schneiden und diese luftdicht verschlossen kühl aufbewahren.

„Diese Kekse sind sehr nahrhaft und durch den Anis herrlich speziell. Und keine Sorge: Sie schmecken nicht nach Bohnen."

LUNCH-KEKSE

Ergibt ca. 20–30 Stück, je nach Größe | vegetarisch

150 g kernige Haferflocken
120 g Vollkornmehl
2 TL gemahlene Anissamen
1 TL Backpulver
1 TL Natron
Geriebene Schale von
    1 Bio-Zitrone

½ TL feines Meersalz
1 Dose dicke, weiße Bohnen
    (400 g)
4 EL Olivenöl
200 g Rohrohrzucker
1 großes Ei
½ TL Vanilleextrakt

100 g getrocknete Datteln,
    fein gewürfelt
80 g Sesam

Die Haferflocken in der Küchenmaschine oder im Mixer zu sehr grobem Mehl verarbeiten. In einer Schüssel mit Vollkornmehl, Anis, Backpulver, Natron, der abgeriebenen Zitronenschale und Salz vermischen.

Die Bohnen in einem Sieb mit klarem Wasser abspülen, gründlich abtropfen lassen und in der Küchenmaschine, im Mixer oder mit dem Pürierstab zusammen mit dem Olivenöl zu einer glatten Paste verarbeiten. Rohrohrzucker, Ei und Vanilleextrakt dazugeben und glatt schlagen. Die Bohnenmasse und die gehackten Datteln zu den übrigen Zutaten in die Schüssel geben und alles zu einer homogenen Masse verarbeiten.

Den Backofen auf 220 Grad Umluft vorheizen. Sesam auf einem Teller verteilen. Mit einem Esslöffel golfballgroße Portionen vom Teig abnehmen und im Sesam wälzen. Mit genügend Abstand auf ein mit Backpapier ausgelegtes Blech legen und leicht flach drücken, sodass die Plätzchen möglichst gleich dick sind (die Masse ist recht feucht, durch den Sesam klebt sie aber nicht). Im Ofen etwa 15 Minuten backen, bis der Sesam goldbraun wird.

Die Plätzchen halten sich luftdicht verschlossen im Kühlschrank ungefähr 1 Woche.

VOGELKEKSE* MIT CHIASAMEN

* Die Kekse heißen bei uns Vogelkekse, weil man sie einfach so nebenbei aufpicken kann. Danach ist man wieder fit für die nächste Etappe des Fluges gen Süden. Das Rezept stammt von unserer Stylistin. Bei unserem Briefing-Gespräch war sie sofort Feuer und Flamme für das Buch und neben ihren tollen Ideen brachte sie auch dieses Rezept. Am Tag nach dem Shooting waren alle Kekse „weggeflogen".

Ergibt ca. 5–12 Stück, je nach Größe | vegan

25 g Chiasamen, 30 Min. in Wasser eingeweicht
40 g Tahin (ohne Salz und Zucker)
80 g Kokos- oder Walnussöl

40–50 g Mascobado-Zucker
120 g zarte Haferflocken
30 g Kokosraspel
50 g ungeschälter Sesam
1 TL Backpulver

50 g getrocknete Datteln, fein gewürfelt
Pinienkerne zum Belegen

Den Backofen auf 180 Grad Umluft vorheizen. Die Chiasamen in ein Sieb abgießen und gut ausdrücken. Tahin, Kokos- oder Walnussöl und Mascobado-Zucker mit den Quirlen des Handrührers cremig rühren. Mit den Chiasamen, den Haferflocken, den Kokosraspeln, dem Sesam, dem Backpulver und den Datteln (ein paar davon für die Deko beiseitelegen) unter die Tahin-Zucker-Mischung rühren.

Mithilfe von zwei Teelöffeln kleine Häufchen von der Masse abstechen und auf ein mit Backpapier ausgelegtes Backblech setzen. Die Häufchen zu etwa 1 cm hohen Talern flachdrücken. Mit den restlichen in Streifen geschnittenen Datteln und Pinienkernen verzieren. Im heißen Ofen etwa 18–20 Minuten goldbraun backen. Herausnehmen und auf einem Küchengitter vollständig auskühlen lassen.

 OB WEISSER Zucker aus der Zuckerrübe oder aus Zuckerrohr hergestellt ist, macht für den Körper keinen Unterschied. Vollrohrzucker und Rohrohrzucker schneiden etwas besser ab, da sie noch Vitamine und Mineralstoffe enthalten. Vollrohrzucker schmeckt allerdings auch recht stark nach Karamell. Rohrohrzucker und Mascobado sind ebenfalls Vollrohrzucker, werden jedoch nach einem jeweils unterschiedlichen Verfahren hergestellt und sind weniger herb und karamellig. Im Ayurveda spielt die Geschmacksrichtung süß eine große Rolle: die Süße des Lebens. Die kann man allerdings unter Umständen länger und besser erfahren, wenn man das „Süße" aus Fruchtzucker, gutem Sirup und Vollwertprodukten kostet. Aber auch hier gilt: Die Dosis macht das Gift und die steht wiederum in hoher Korrelation zu der Gewohnheit. Ich finde: Genuss muss sein. Aber mit einem Auge auf den abnehmenden Grenznutzen. Jedes Stück süßes Gebäck mehr bringt nicht unbedingt den doppelten oder dreifachen Genuss. Im Allgemeinen nimmt der Lustgewinn mit steigendem Konsum sogar eher ab.

AUBERGINE MIT SAFRANJOGHURT

Für 3 Personen (oder als Abendessen für 2 und
Lunch am nächsten Tag für 1) | vegetarisch, glutenfrei

3 mittelgroße Auberginen
Etwas Olivenöl
Grobes Meersalz
Grob gemahlener schwarzer
  Pfeffer

Für den Joghurt
2–3 Safranfäden oder
  1 Tütchen Safranpulver
180 g griechischer Joghurt
2 EL Zitronensaft
½ Knoblauchzehe, geschält
  und zerdrückt

3 EL Olivenöl
Salz
2 EL Pinienkerne, geröstet
1 Handvoll Granatapfel-
  kerne
1 Handvoll abgezupfte
  Petersilienblättchen

Den Backofen auf 220 Grad Umluft vorheizen. Die Auberginen waschen, putzen und in etwa 2 cm dicke Scheiben schneiden. Von beiden Seiten mit Olivenöl bepinseln und mit grobem Salz und Pfeffer bestreuen. Auf einem Rost 20–25 Minuten im heißen Ofen backen, bis sie eine wunderschöne braune Farbe bekommen haben. Abkühlen lassen. Die Auberginen halten sich im Kühlschrank bis zu 3 Tagen. Zum Essen aber rechtzeitig herausnehmen, damit sie Zimmertemperatur haben.

Die Safranfäden in 3 EL heißem Wasser auflösen. Das Safranwasser mit dem Joghurt, dem Zitronensaft, dem Knoblauch und dem Olivenöl verrühren (Safranpulver direkt einrühren). Nur wenn es unbedingt notwendig erscheint, etwas salzen.

Direkt vor dem Essen den Safranjoghurt über die Auberginen geben, Pinienkerne, Granatapfelkerne und Petersilie darüber streuen.

MIT EINEM Stück gerösteten Brot eine fantastische Mittagsmahlzeit oder ein kleines Abendessen. Dieses Rezept eignet sich auch für ein sommerliches Grillvergnügen, da man die Auberginen auf dem Grill zubereiten kann und somit eine Beilage für Fleischesser und einen Hauptgang für Vegetarier hat.

WINTERCOUSCOUS
ODER BESTE RESTE

Für 2 Personen als sattes Mittagessen | vegan

300 ml Gemüsebrühe

Saft von je 1 Orange und Zitrone

170 g getrocknete Aprikosen, fein gewürfelt

150 g Couscous

3 aromatische Tomaten

1 Gurke (ca. 300 g)

Je 1 Bund Minze und glatte Petersilie, die Blättchen abgezupft und fein gehackt

½ TL Ras el Hanout (ersatzweise Kreuzkümmel)

Salz

Frisch gemahlener Pfeffer

3 EL sehr feines Olivenöl

Etwas Agavendicksaft (nach Geschmack)

80 g Pinienkerne, geröstet

In einem Topf die Gemüsebrühe zum Kochen bringen. Orangen- und Zitronensaft sowie die getrockneten Aprikosen zugeben. Den Couscous einrieseln lassen und mit dem Schneebesen umrühren. Der Topf von der heißen Platte nehmen und den Couscous nach Packungsanweisung quellen lassen.

Währenddessen die Tomaten waschen, entkernen und in Stücke schneiden. Die Gurke waschen (nicht schälen) und der Länge nach halbieren. Mit einem Löffel die Kerne herauskratzen und das Fruchtfleisch ebenfalls würfeln (je nachdem, wie elegant der Salat sein soll, werden die Gemüsewürfel sehr fein oder eher grob).

Den gequollenen Couscous mit dem klein geschnittenen Gemüse und den gehackten Kräutern in eine Schüssel geben. Ras el Hanout, Salz und Pfeffer mit dem Öl verrühren, darübergeben und alles gründlich vermengen. Mindestens 15 Minuten ziehen lassen. Couscous nach Belieben mit Agavendicksaft und weiterem Pfeffer abschmecken. Erst kurz vor dem Essen mit gerösteten Pinienkernen bestreuen.

DEN COUSCOUS in einem Gefäß mit Deckel über Nacht ziehen lassen und am nächsten Tag mit ins Büro nehmen. Damit die Pinienkerne knackig bleiben, muss man sie allerdings ausgekühlt separat in einem Schraubglas aufbewahren und erst kurz vor dem Verzehr über den Couscous streuen.

BACKOFENGEMÜSE
FÜR MÄNNER UND FRAUEN

Für 2 Personen | vegan, glutenfrei

2 EL Olivenöl

3 EL Blackened-Gewürz-
mischung (Info S. 107)

2 Zucchini, in 2 cm große
Würfel geschnitten

3 Möhren, geschält und
in 1 cm große Würfel
geschnitten

2 Süßkartoffeln, geschält
und in 2 cm große Würfel
geschnitten

2 festkochende Kartoffeln,
geschält und in 2 cm
große Würfel geschnitten

Den Backofen auf 180 Grad Umluft vorheizen. Das Olivenöl in eine Schüssel geben und die Blackened-Gewürzmischung hineinrühren. Das klein geschnittene Gemüse zugeben und gründlich mit dem Öl vermengen, bis es rundum davon überzogen ist. Ein Backblech mit Backpapier auslegen und das Gemüse darauf verteilen. Im Ofen etwa 30 Minuten backen.

Danach das Gemüse in eine verschließbare Schale oder Kunststoffdose füllen, auskühlen lassen und im Kühlschrank für den nächsten Bürotag aufbewahren. Eine Hälfte kann man auch gleich zum Abendessen servieren oder mit etwas Hüttenkäse und einem gerösteten Brot für die Lieben hinterlassen.

ES EMPFIEHLT sich, ein Gefäß mit Wasser auf den Boden des Ofens oder mit auf das Blech zu stellen, damit das Gemüse nicht so sehr austrocknet.

ACHTSAMKEIT. Wenn man Fleisch oder Fisch isst, sollte man dieses Mahl besonders honorieren und darauf achten, nichts Essbares in den Müll zu werfen. Hier hat ein Lebewesen sein Leben gelassen.

M
MAHLZEITEN

ES GIBT bei uns heute gegen beinahe jedes Leiden Pillen, Operationen und Abermillionen Therapien. Als das noch nicht so war, und auch in Ländern, wo diese Mittel nicht verfügbar oder bezahlbar sind, gab es eine andere Medizin: die Nahrung. Das, was man zu sich nahm und nimmt, sollte gesund erhalten (sustain) oder gesunden lassen (heal). Über Jahrhunderte lernten die Menschen, was Nahrungsmittel und ihre Kombination bewirken. Man extrahierte die wichtigen Substanzen und benutzte sie als Heilmittel. Sie sind weniger stark als ihre modernen chemischen Verwandten, haben dafür aber auch sehr wenige Nebenwirkungen. Zu diesem Wissen finden wir gerade zurück. Eine Mahlzeit kann herrlich schmecken und unserem Körper guttun – und uns eine tolle Zeit mit Freunden, Familie und uns selbst schenken.

MAHL-ZEIT: Dieses Wort beinhaltet schon die Aufforderung, sich Zeit für ein Mahl zu nehmen. Vermutlich ergibt sich daraus schon eine andere Art der Zubereitung. Genauso bewertet der Begriff „Beilage" eine Speise unnötigerweise – und widerspricht damit der yogischen Lehre:

 SEI ACHTSAM UND WERTE NICHT – BEOBACHTE.

In dieser Hinsicht sind die asiatische und die orientalische Küche ultramodern. Alle Speisen kommen in kleinen Mengen gleichzeitig auf den Tisch. Jeder nimmt sich, worauf er Lust hat – und in welcher Menge. Auf diese Art kann man im Übrigen auch bei uns entspannt Freunde zum Essen einladen. Ein Gast ist auf Paleo-Diät, ein anderer leidet an Gluten- und Laktoseintoleranz, der Dritte ist Vegetarier und der Herr des Hauses hätte gerne ein ordentliches Stück Fleisch oder Fisch. Es gibt dann eben eine Low-Carb-Gemüseschüssel, eine vegetarische Gemüselasagne, Pasta-Salat, Quiche, vielleicht etwas Fisch oder ein Stück Käse, ein selbst gebackenes Brot und etwas Pesto dazu. Das Schöne bei diesen Mahlzeiten ist auch, dass sowohl warme als auch kalte Speisen zur Wahl stehen. Die folgenden Rezepte lassen sich also wunderbar kombinieren und vorbereiten. Ein paar schöne Platten, Schüsseln unterschiedlicher Größe und Farbe und eine bunte Kollektion an Vorlegebesteck machen so aus jedem Essen ein üppiges, farbenfrohes und variantenreiches Festmahl. Für den Magen und für die Augen.

Noch eine Anmerkung zu den Mengen: Normalerweise rechnet man pro Person 300 Gramm ungeputztes Gemüse als „Beilage", ernährt sich jemand vegetarisch oder vegan, eher etwas mehr. Dazu kommt natürlich die Zubereitung: 100 Gramm panierter und frittierter Spargel mit Remoulade haben einen höheren Sättigungsgrad als dieselbe Menge Spargel mit einem Löffel Olivenöl und etwas Dill. Außerdem muss bei einer Mahlzeit mit fünf Gerichten nicht jede Platte allein alle satt machen. Es ist nicht einfach und bedarf etwas Übung und Vertrauen in die eigene Intuition, in Kombination mit dem Ausblick auf den nächsten Tag. Denn gute Reste heißen: Zeit gespart. Man kann damit seine Lunchbox füllen, einen weiteren kleinen Abend gestalten oder hat eine wohltuende Zwischenmahlzeit im Kühlschrank.

Also: Erfahrung sammeln oder genug Gläser und Dosen bereithalten, um sich selbst und die Gäste für den kommenden Tag mitzuversorgen.

TISCH 1

Sommerlich italienisch, dieser Tisch ist ein Tisch für Freundinnen – am besten zum Mittagessen (wegen des Salats). Leicht, hell und sehr gut bekömmlich. Wer es etwas reichhaltiger gestalten möchte, ergänzt einen vegetarischen Brotaufstrich, ein Stück Ziegenkäse oder Butter mit grobem Meersalz zum Walnussbrot.

Crostini mit Limonen, Zucchini und Feta – vegetarisch

Auberginen-Mozzarella-Lasagne – vegetarisch

Walnussbrot mit Chiasamen – vegetarisch

Kleiner Kräutersalat mit Himbeervinaigrette – vegan, glutenfrei

Gebackener Blumenkohlsalat – vegetarisch, glutenfrei

CROSTINI MIT LIMONEN, ZUCCHINI UND FETA

Ergibt ca. 12 Stück, je nach Größe | vegetarisch

Ein frisches, einfaches Rezept. Es enthält zwar Brot, das aber im Verhältnis zu den restlichen Gerichten auf diesem Tisch nicht ins Gewicht fällt. Ist man an eine „normale" westliche Ernährung gewöhnt und möchte sich in Richtung yogisch-gesund bewegen, ist es zudem ratsam, sich aus den schwierigen Nahrungsmitteln langsam herauszuschleichen. So entsteht gar nicht erst das Gefühl, es würde etwas fehlen.

2 nicht zu große Zucchini
Saft von 2 Bio-Limonen
½ Vollkorn-Ciabattabrot
   oder Vollkornbaguette
2 EL Olivenöl
1 Knoblauchzehe

Meersalz
Zucker
100 g TK-Erbsen
200 g Feta, abgetropft
¼ TL geriebene Bio-
   Limonenschale

Frisch gemahlener Pfeffer
1 Handvoll fein gehackte
   Minze
1 TL Zitronenpfeffer

Die Zucchini in sehr dünne Scheiben schneiden und in Limonensaft 10 Minuten marinieren. Das Brot in etwa 1 cm dicke Scheiben schneiden. Entweder auf dem Grill oder im Toaster leicht rösten, dann auf einer Seite dünn mit Olivenöl bepinseln und leicht mit der Knoblauchzehe einreiben.

Etwa 2 Tassen Wasser aufkochen, je 1 Prise Salz und Zucker zugeben und die Erbsen 1–2 Minuten darin blanchieren. Sofort abgießen und auf einem sauberen Küchentuch ausbreiten. Den Feta mit den Fingern zerbröseln und mit Limonenschale sowie 1 TL Limonensaft von der Marinade glatt rühren. Mit wenig Meersalz und Pfeffer sowie etwas Minze würzen. Die Fetamasse auf die Brotscheiben verteilen. Die Zucchinistreifen aus der Marinade nehmen, abtupfen (zu viel von der Marinade wäre zu sauer) und zusammen mit den Erbsen und restlichen Minzeblättchen darüber verteilen. Zum Schluss alles mit Zitronenpfeffer bestreuen.

AM BESTEN schneiden Sie die Zucchini mit der Mandoline – kein Musikinstrument, sondern ein Küchengerät, mit dem Sie Gemüse besonders fein hobeln oder stifteln können.

AUBERGINEN-MOZZARELLA-LASAGNE

Für 6 Personen | vegetarisch

2 mittelgroße Auberginen
Salz
3–4 EL Olivenöl
1 weiße Zwiebel, grob
    gewürfelt
4 Knoblauchzehen, grob
    gewürfelt
1 lange rote Chili, fein ge-
    hackt, ohne Samen
1 EL Tomatenmark

2 Dosen stückige Tomaten
    (800 g)
¼ l Rotwein oder
    Gemüsebrühe
2 EL gehackte Kapern
1 EL weißer Balsamico
1 Prise brauner Zucker
1 Bund Oregano
Frisch gemahlener Pfeffer
2 Zucchini, grob geraspelt

2 EL Sauerrahm
200 g Lasagneblätter
Für die Kräuterkruste:
1 Scheibe helles, feines
    Vollkornbrot (ohne Farb-
    stoffe oder Zuckersirup)
150 g Parmesan
2 EL Gomasio
1 Büffelmozzarella (250 g)

Die Auberginen der Länge nach in etwa 4 mm dicke Scheiben schneiden, in einem Sieb mit 4 TL Salz bestreuen und 1 Stunde ziehen lassen. Das entzieht ihnen Bitterstoffe und Wasser. Anschließend abspülen und trockentupfen.

Etwas Olivenöl erhitzen und die Zwiebel darin glasig dünsten. Knoblauch einrühren und kurz mitdünsten. Chili zugeben. Schließlich folgen Tomatenmark, Tomaten, Rotwein oder Brühe, Kapern, Balsamico, Zucker sowie einige abgezupfte Oreganoblättchen. Mit etwas Pfeffer würzen und alles etwa 30 Minuten leise köcheln lassen.

Den Backofengrill vorheizen. Die Auberginenscheiben mit ½ EL Öl bestreichen und auf einem mit Backpapier ausgelegten Backblech unter den Grill schieben. Nach 3–4 Minuten wenden und ebenso lange weitergrillen. Beiseitestellen. Die geraspelten Zucchini in ½ EL Öl 2 Minuten rasch anbraten. Den Sauerrahm zugeben und alles 1–2 Minuten weitergaren.

Für die Kräuterkruste das Brot in der Küchenmaschine zerkleinern. Parmesan, Gomasio und ½ Handvoll Oreganoblättchen dazugeben, alles nochmals durchmixen und beiseitestellen.

Den Backofen auf 180 Grad Umluft vorheizen. Eine Auflaufform mit dem verbliebenen Öl ausstreichen und ein wenig Tomatensauce auf dem Boden verteilen. Jetzt eine Schicht Lasagneblätter auslegen und etwa die Hälfte der Tomatensauce darauf verteilen. Die Hälfte der Auberginenscheiben überlappend einschichten, dann die Hälfte der Mozzarellascheiben und 1 EL der Brot-Parmesan-Mischung darauf verteilen. Es folgt wieder eine Schicht Lasagneblätter, dann noch einmal Tomatensauce, Auberginen, Mozzarella und Zucchini. Ein letzte Nudelschicht auflegen und dünn mit der Zucchinimasse bestreichen. Zum Schluss die restliche Brot-Parmesan-Mischung aufstreuen. Die Lasagne im Ofen 30–35 Minuten backen und sofort servieren. Falls die Lasagne zu trocken erscheint, etwas Tomatensaft oder Brühe angießen.

WALNUSSBROT MIT CHIASAMEN

Ergibt 2 kleine Laibe | vegetarisch

7 g Trockenhefe
4 EL Ghee
300 g Kamut- oder Weizen-
  mehl
150 g Buchweizenmehl

Etwas Mehl zum Arbeiten
175 g Walnusskerne, geröstet und fein gehackt
1 ½ EL Chiasamen
2 EL Weizenkeime

½ TL Meersalz
Frisch gemahlener Pfeffer
2 EL zerlassene Butter

In einer großen Schüssel alle Zutaten bis auf die Butter vermischen, dabei 1 EL Chiasamen
zum Bestreuen beiseitestellen. Nach und nach ca. 285 ml lauwarmes Wasser einkneten – entweder mit der Hand oder mit den Knethaken der Küchenmaschine. Anschließend den Teig
auf der bemehlten Arbeitsfläche weitere 5 Minuten mit der Hand durcharbeiten, bis eine ho-
mogene Masse entstanden ist. Hier kommt die Liebe dazu. Den Teig in eine saubere Schüssel
legen, mit etwas Mehl bestäuben und mit Frischhaltefolie zudeckt etwa 2 Stunden an einem
warmen Ort gehen lassen, bis sich das Volumen ungefähr verdoppelt hat.

Den Backofen auf 200 Grad Umluft vorheizen und ein Backblech mit Mehl bestäuben. Den
gegangenen Teig noch einmal gut durchkneten, in 2 Portionen teilen und zu 2 Laiben formen.
Jeden davon zwei- bis dreimal etwa 1 cm tief diagonal einschneiden und auf das vorbereitete
Backblech legen. Nochmals 15 Minuten gehen lassen. Die Laibe mit zerlassener Butter bestreichen und mit den restlichen Chiasamen bestreuen. Im heißen Ofen 20–25 Minuten goldbraun
backen. Das Brot sollte hohl klingen, wenn man auf die Unterseite klopft.

DIESES BROT passt auch super zu einer eher winterlichen Karotten-Ingwer-Suppe.

KLEINER KRÄUTERSALAT MIT HIMBEERVINAIGRETTE

Für 5 Personen als kleiner Hingucker auf dem Teller | vegan, glutenfrei

300 g gemischte Kräuter-
salate, z.B. Rucola, Mizu-
na und roter Eichblattsalat

1 Bund gemischte Garten-
kräuter, z.B. Dill, Petersilie, Kerbel, Estragon,
Schnittlauch oder Sauer-
ampfer

Für die Vinaigrette:
1 Teil Zitronensaft
Salz
Frisch gemahlener Pfeffer
1 Teil Himbeersirup oder
püriertes Himbeermark
plus etwas Agavendicksaft

2 Teile neutrales Pflanzenöl,
z.B. Distelöl
1 Teil Olivenöl
1 Nektarine, in feine Spalten geschnitten (je nach
Geschmack)

Salate und Kräuter waschen, trockenschleudern und grob zerkleinern, nur Schnittlauch sehr fein hacken. Für die Vinaigrette den Zitronensaft mit Salz und Pfeffer sowie Himbeersirup oder Himbeermark und Agavendicksaft verrühren. Erst dann die Öle zugeben. Damit die Vinaigrette schön emulgiert, entweder alles in einem Schraubglas schütteln oder mit dem Pürierstab durchmixen. Salat, Kräuter und Vinaigrette in einer großen Schüssel vorsichtig vermischen. Auf einer Platte anrichten und eventuell die Nektarinenspalten dazulegen.

BEI EINER VINAIGRETTE, eigentlich ein „Essigdressing", das mit Zitrone aber leichter verdaulich ist und frischer schmeckt, sollten Sie sparsam mit Säure, mit Öl dagegen großzügig sein. Es lohnt sich außerdem, gleich eine größere Menge zuzubereiten. Die Vinaigrette bleibt in einem Schraubglas im Kühlschrank bis zu 1 Woche frisch, sodass Sie sie für weitere Mahlzeiten immer griffbereit haben. Daher gibt es im Rezept auch keine genaue Mengenangabe, sondern nur Anteile. So schreiben auch Barkeeper ihre „Rezepte". Und da es sich beim Dressing ebenfalls um eine Flüssigkeit handelt, wollte ich es einmal ausprobieren.

KRÄUTERSALAT IST zu intensiv, als dass man sich daran komplett satt essen würde. Bleibt etwas von den Kräutern übrig, kann man sie gut in ein Sandwich verarbeiten oder fein hacken und über Pasta mit Tomatensauce streuen.

GEBACKENER BLUMENKOHLSALAT

Für 6 Personen | vegetarisch, glutenfrei

Schmeckt auch Männern und ist für jede Diät geeignet.

1 mittelgroßer Blumenkohl
Für das Dressing:
Saft von ½ Bio-Zitrone
4 EL Olivenöl

2 EL Gemüsebrühe
2 EL körniger Dijonsenf
1 EL Honig
1 Bund Dill, fein gehackt

2 TL schwarzer Sesam,
  gemörsert
½ TL grobes Salz

Den Backofen auf 180 Grad Umluft vorheizen. Den Blumenkohl waschen und in Röschen zerteilen. Den Strunk schälen und in Würfel schneiden. Alles auf einem Backblech verteilen. Ein kleines feuerfestes Gefäß dazustellen und mit etwa 100 ml Wasser füllen. Das Ganze in den heißen Ofen schieben und 20 Minuten backen. Bei dieser Garmethode bleibt das feine Aroma des Blumenkohls besonders gut erhalten.

In der Zwischenzeit Zitronensaft, Olivenöl, Gemüsebrühe, Dijonsenf und Honig in ein Glas mit Schraubdeckel geben und kräftig miteinander verschütteln oder in einem hohen Gefäß mit dem Pürierstab kurz verquirlen. Den gebackenen Blumenkohl mit dem Dressing und dem Großteil des Dills vermischen und etwa 2 Stunden bei Zimmertemperatur marinieren. Vor dem Servieren den restlichen Dill, den schwarzen Sesam sowie das grobe Salz darüber geben.

BLUMENKOHL WAR 2015 der neue Star in der Kohlfamilie. Er ist reich an Vitamin C, Ballaststoffen und Folsäure. Wie in allen Kohlsorten stecken in ihm viele sekundäre Pflanzenstoffe, die sich förderlich auf die Gesundheit auswirken. Zu nennen wäre Indol-3-Carbinol, das als Anti-Östrogen fungiert und offenbar das Wachstum von Tumorzellen in der Prostata und der Brust verhindern kann. Außerdem steht Blumenkohl ganz oben auf der Liste der basischen Lebensmittel und 100 Gramm haben nur ganze 25 Kilokalorien. Der Strunk und vor allem die Blätter sollten ebenfalls gegessen werden. Überhaupt: Dichte, knackige Blätter um den Kohlkopf sind das beste Zeichen für wahre Frische.

TISCH 2

Dieser herbstliche Tisch eignet sich besonders gut für ein Abendessen mit Freunden. Auch Männer werden sicher satt. Für diejenigen Yogis, die gerne einmal Fisch auftischen möchten, gibt es eine Lachsforelle. Sie lässt sich leicht zubereiten und man kann die Reste am folgenden Tag auch noch wunderbar kalt mit einem Salat oder als Suppeneinlage verwenden.

Rote-Bete-Orangen-Salat – vegetarisch, vegan

Pochierte Lachsforelle – Fisch

Kräuterschmand – vegetarisch

Kürbis-Wedges mit Auberginen-Granatapfelsirup-Joghurt – vegetarisch

Lauwarmer Rosenkohlsalat – vegetarisch

Blondes Buttermilch-Quickbread – vegetarisch

Apple Crumble mit süßsaurer Sahne – vegetarisch

ROTE-BETE-ORANGEN-SALAT

Für 4 Personen | vegetarisch, mit Agavendicksaft auch vegan

4 Rote Beten (à 200 g)
4 Sternanis
1 EL Koriandersamen
6–7 EL grobes Meersalz
1 EL grob gemahlener
    schwarzer Pfeffer

50 g Walnusskerne
1 EL Waldhonig oder Aga-
    vendicksaft
1 Prise Zimt
2 Orangen

Für die Vinaigrette
ca. 100 ml Orangensaft
1 Sternanis
2 EL Walnussöl
3 EL Olivenöl
Salz, gemahlener Pfeffer

Den Backofen auf 200 Grad Umluft vorheizen. Die Roten Beten waschen und jede Knolle mit 1 Sternanis sowie ¼ der Koriandersamen, Meersalz und Pfeffer in Alufolie wickeln. Im Ofen etwa 2 Stunden garen. Nach dieser Zeit eine Knolle auswickeln und mit einem Messer kontrollieren, ob sie vollständig weich ist. Falls nicht, die Garzeit noch einmal verlängern. Die fertig gegarten Beten aus der Folie wickeln – dabei unbedingt Handschuhe tragen, weil sie stark färben – und auskühlen lassen. Mit einem Messer vorsichtig die Haut abziehen und die Knollen achteln.

Die Walnüsse mit Honig oder Agavendicksaft und Zimt in eine kleine Pfanne geben und langsam erhitzen, bis der Honig oder Agavendicksaft dünnflüssig wird und kleine Bläschen wirft. Alles verrühren, dann die Nüsse auf einem leicht geölten Stück Alufolie verteilen und auskühlen lassen.

Die Orangen filetieren, dabei den Saft für die Vinaigrette auffangen. Filets beiseitestellen. Für die Vinaigrette insgesamt 150 ml Orangensaft mit dem Sternanis im Kochtopf auf die Hälfte reduzieren. Anis herausfischen und den Saft mit den Ölen vermischen, salzen und pfeffern. Rote Beten zugeben und ein paar Minuten ziehen lassen. Beten auf einer Platte oder einem großen Teller anrichten, Orangenfilets anlegen und karamellisierte Walnüsse darüber verteilen.

 ZUR NOT kann man zwar auch fertig gegarte Rote Beten aus dem Gemüseregal verwenden. Wer die Knollen aber einmal selbst gegart genossen hat, wird die vorgekochten nur noch ungern anrühren.

POCHIERTE LACHSFORELLE

Für ca. 8 Personen | Fisch

Die Größe der Lachsforelle richtet sich nach der Anzahl der geplanten Esser: Man rechnet pro Person 150–200 Gramm Fischfleisch ohne Haut, Gräten und Kopf oder Schwanz. Sollte etwas übrigbleiben, kann man am nächsten Tag noch einen Fischsalat oder ein Sandwich machen.

2 ½ l Gemüsebrühe, ausreichend, um zusammen mit dem Wein den Fisch zu bedecken

½ l einfacher Weißwein, ersatzweise Brühe mit 1 TL Zitronensaft

1 Bund Suppengrün, grob gewürfelt

1 Lauch, in 1 cm Ringe geschnitten

2–3 Knoblauchzehen, geschält

2 Lorbeerblätter

5 Wacholderbeeren

2 Pimentkörner

8–10 Pfefferkörner

1 EL geriebene Bio-Zitronenschale

Salz

1 ½ kg Lachsforelle, ausgenommen und geschuppt

Die Gemüsebrühe mit Weißwein, Suppengrün, Lauch, Knoblauch, Gewürzen, Zitronenschale sowie 1 TL Salz in eine Kasserolle, einen Fischkochtopf oder eine kochfeste Glasform geben, aufkochen und bei geschlossenem Deckel etwa 20 Minuten sieden lassen.

Den Fisch mit kaltem Wasser abbrausen, in den kochenden Sud legen (er muss davon ganz bedeckt sein) und warten, bis der Sud wieder eben anfängt zu kochen. Sofort die Hitze abstellen und den Fisch gar ziehen lassen. Nach 10 Minuten eine Garprobe machen. Dazu eine Nadel oder ein spitzes Messer in den Fisch stechen, 10 Sekunden warten, die Nadel wieder herausziehen und an die Lippen halten. Ist die Nadel warm, ist der Fisch gar. Ist sie noch kalt, muss er noch ein wenig in der Wärme liegen.

BEI DIESER Garmethode kann man den Fisch eigentlich nicht übergaren. Dazu passt der Kräuterschmand (unten) oder das Korianderpesto von Seite 129.

KRÄUTERSCHMAND   Für 4 Personen

200 g Schmand, 3 EL Buttermilch, 1 TL gemahlene Senfsamen, 1 EL Chiasamen, 1 Bund Dill (fein gehackt, ohne die harten Teile der Stängel), Salz, Zucker

Den Schmand mit Buttermilch, Senfsamen, Chiasamen und gehacktem Dill glatt rühren. Mit Salz und Zucker abschmecken und in einer kleine Schale zum pochierten Lachs reichen. Möchte man an dieser Stelle lieber etwas Veganes servieren, kann man gut das Korianderpesto oder ein klassisch italienisches Pesto aus Basilikum und Petersilie machen.

KÜRBIS-WEDGES MIT AUBERGINEN-GRANATAPFELSIRUP-JOGHURT

Für 6 Personen | vegetarisch

1 Butternusskürbis (wahl-
weise auch Hokkaido)
4 EL Olivenöl
Grobes Meersalz
Grob gemahlener weißer
Pfeffer
1 EL Sonnenblumenkerne

1 EL schwarzer Sesam
1 EL Kürbiskerne
2 EL Mandelstifte
1 mittelgroße Aubergine
150 g griechischer Joghurt
2 EL Olivenöl
1 ½ TL Granatapfelsirup

3 TL Zitronensaft
1 Knoblauchzehe, geschält
und zerdrückt
3 EL glatte Petersilie, grob
gehackt
Etwa 10 Basilikumblättchen

Den Backofen auf 180 Grad Umluft vorheizen. Zunächst den Kürbis waschen und halbieren, die Kerne entfernen und das Fruchtfleisch in längliche Stücke zerteilen. Auf einem mit Backpapier ausgelegten Blech verteilen, mit Olivenöl bestreichen, sparsam salzen und nicht gar so sparsam pfeffern. Im vorgeheizten Ofen gar backen: Die Kürbisstücke sollten weich sein, aber nicht zerfallen. Sonnenblumenkerne, Sesam, Kürbiskerne und Mandeln auf einem weiteren Backblech verteilen und etwa 8 Minuten goldbraun rösten.*

Die Aubergine halbieren und 8 Minuten unter den heißen Grill legen, bis die Haut schwarz wird und verbrennt. Aus dem Ofen nehmen, das Fruchtfleisch mit einem Löffel herauskratzen und grob zerhacken. In einer Schüssel Joghurt, Olivenöl, Granatapfelsirup, Zitronensaft, Knoblauch und Petersilie vermischen. Das Auberginenpüree unterrühren. Nach Geschmack mit grobem Pfeffer und wenig, wenig Salz würzen – der Dip sollte süßlich, scharf, aromatisch sein. Vor dem Servieren Basilikumblättchen, Kerne und Samen über den Kürbis rieseln lassen. Den Joghurt separat in einer Schüssel dazu reichen.

* Die gerösteten Nüsse und Samen sind ein gesunder „Ohnmachtshappen" für die Schreibtischschublade oder ein prima Topping für den Mittagssalat. Daher am besten gleich wieder eine größere Menge zubereiten. Abgekühlt in ein Schraubglas gefüllt, halten sie ein paar Tage.

 KÜRBIS IST schon seit 8.000 Jahren bekannt. Er enthält extrem viel Betacarotin, das der Körper zu Vitamin A umwandeln kann. Er wirkt entzündungshemmend. Das aus seinen Kernen gepresste Öl kräftigt die Blase und hemmt Prostatawachstum. Noch so ein Superfood: Granatapfel! Amerikanische Forscher haben herausgefunden, dass er besonders reich an Polyphenolen ist, damit ebenfalls entzündungshemmend wirkt und unter anderem das Risiko von Arteriosklerose verringert.

„LIEBE IST NICHT GENUG, INTELLIGENZ IST NICHT GENUG, STÄRKE IST NICHT GENUG. WENN DANKBARKEIT NICHT ALLES IN DER WAAGE HÄLT, KANN MAN NUR VERLIEREN." YOGI BHAJAN

LAUWARMER ROSENKOHLSALAT

Für 6–7 Personen | vegetarisch

500 g Rosenkohl (möglichst mittelgroße Röschen)
Salz
1 TL Kümmel

Für die Vinaigrette:
2–3 EL Olivenöl
1 TL Limonenöl
1 TL Honigsenf

1 TL Honig oder Agavendicksaft
½ TL Kümmel
Bohnenkraut (am besten frisch)

Den Rosenkohl waschen, gegebenenfalls dicke Strünke kreuzweise einschneiden. In einem Topf Wasser mit Salz und Kümmel zum Kochen bringen und den Rosenkohl 8–10 Minuten bissfest garen. Das Wasser abgießen, dabei etwa 3 EL für das Dressing auffangen. Der Kümmel bleibt an den Kohlröschen haften.

Für die Vinaigrette Olivenöl, Limonenöl, Honigsenf, Honig oder Agavendicksaft sowie die 3 EL aufgefangenes Kohlkochwasser in ein Schraubglas geben und kräftig schütteln oder mit dem Pürierstab in einem hohen Gefäß kurz aufschlagen. Mit dem noch lauwarmen Rosenkohl vermischen. Kümmel und Bohnenkraut darüberstreuen und sofort servieren.

BLEIBT DAVON etwas übrig, schmeckt es zimmerwarm auch am nächsten Tag noch sehr gut.

KEIN ANDERES Gemüse enthält so viel Selen wie Rosenkohl. Dazu kommt sein hoher Gehalt an Zink sowie Vitamin A und C – auch das hilft, die Infektionsanfälligkeit im Winter zu mindern.

BLONDES BUTTERMILCH-QUICKBREAD

Ergibt 1 kleinen Laib à 250 g | vegetarisch

125 g Kamutmehl, gesiebt
50 g Rohrohrzucker
1 TL Backpulver
1 EL sehr fein gehackter
  Rosmarin

Je 1 Prise Zimt, Muskatnuss
  und Salz
125 ml Buttermilch
1 großes Ei
2 EL Olivenöl

2 Prisen Vanilleextrakt
Butter und Paniermehl für
  die Form

Den Backofen auf 220 Grad Umluft vorheizen, damit es auch wirklich schnell geht. In einer Schüssel alle trockenen Zutaten vermischen. In einem weiteren Gefäß Buttermilch, Ei, Olivenöl und Vanilleextrakt verrühren. Den Buttermilchmix zu den trockenen Zutaten geben und schnell glatt rühren. Nicht zu lange quirlen. Eine Kastenform fetten, mit Paniermehl ausstreuen und den Teig hineingeben. Im heißen Ofen auf der mittleren Schiene etwa 40 Minuten goldbraun backen. Dazu schmeckt am besten eiskalte, leicht gesalzene Butter.*

* Brot mit Butter ist zwar ernährungsphysiologisch fragwürdig. Wer dennoch gelegentlich nicht darauf verzichten möchte oder es seinen Gästen anbieten will, sollte das Brot wenigstens selbst backen, um zu wissen, was darin ist.

BUTTERMILCH IST Superfood. Sie enthält weniger Fett als normale Milch, ist gut für die Darmflora (probiotisch) und reich an Vitaminen. Zu viel ist aber auch nicht gut, denn Milchprodukte tragen zur Säuerung des Körpers bei. Dem wirkt der Organismus mit Abbau von Kalzium entgegen, die er den Knochen entzieht.

AUCH WENN dieses Brot schnell gemacht ist: „Es geht nicht darum, wie viel man tut, sondern mit wie viel Liebe man es tut."
Mutter Teresa

APPLE CRUMBLE MIT SÜSSSAURER SAHNE

Für 6 Personen | vegetarisch

5 mittelgroße Äpfel (am
    besten Boskop oder
    Cox Orange)
Saft von ½ Zitrone
100 g Dinkelmehl
100 g feine Haferflocken

60 g Rohrohrzucker
Salz
Gemahlene Nelken
Geriebene Muskatnuss
½ TL Zimt
120 g Butter (kein Ghee)

200 g Schlagsahne
80 g saure Sahne
1 TL Agavendicksaft
Butter für die Form

Die Äpfel schälen, die Kerngehäuse entfernen und das Fruchtfleisch in etwa 1½ cm große Stücke schneiden. In einer Schüssel mit dem Zitronensaft vermischen – so wird der Apfel etwas mürber und nicht braun. Eine Quicheform buttern und die Apfelstücke mit dem gesamten Zitronensaft darin verteilen.

Den Backofen auf 180 Grad Umluft vorheizen. Für den Crumble das Mehl in eine Schüssel sieben, Haferflocken, Rohrohrzucker, je 1 Prise Salz, Nelken, Muskatnuss sowie Zimt hinzufügen und alles vermischen. Die Butter in Flöckchen dazugeben und alle Zutaten mit der Hand zu Streuseln verkneten. Die Streusel über die Äpfel verteilen und im Ofen etwa 40 Minuten backen. Die Backzeit hängt stark von den Äpfeln ab: Sind sie sehr frisch und hart, braucht es etwas länger. Bei abgelagerten Äpfeln reduziert sich die Zeit. Wer es gerne etwas „suppiger" mag, kann vor dem Backen noch ein Schnapsglas Apfelsaft oder Cidre zu den Äpfeln in die Form geben.

Die Schlagsahne in einer gekühlten Schüssel steif schlagen. Die saure Sahne und den Agavendicksaft gefühlvoll darunterziehen. In einer eiskalten Schale zusammen mit dem restwarmen Apple Crumble servieren.

ERNÄHRE DICH in Dankbarkeit für die Lebensmittel, die Bauern, den Koch und die Umgebung, in der du bist. Und freue dich besonders an dem süßen Nachtisch, der kein Standard in der yogischen Ernährung ist.

TISCH 3

Dieser Tisch ist eine wahre Augenweide. Das sind die anderen natürlich auch, aber hier strahlt die gelbe Linsensuppe mit dem grünen Bohnensalat und dem dunkelroten Radicchio um die Wette. Und weil es nicht nur blanchiertes Gemüse gibt, essen auch Kinder gerne mit. Wer dazu Fisch oder Fleisch essen möchte: Ein Stück kurz auf der Haut gebratener Zander oder ein Teller Carpaccio mit Parmesan passt sehr gut.

Rote-Linsen-Suppe mit Bete-Grün – vegetarisch

Spinat-Buchweizen-Puffer – vegetarisch

Gartenkräuter-Sour-Cream – vegetarisch

Gebratener Radicchio oder Treviso – vegan

Zweierlei Bohnensalat mit Estragon – vegan

Spicy Wedges aus dem Ofen – vegan

Bandnudeln mit Artischocken und Tomaten – vegetarisch, vegan

DER PHILOSOPH Diogenes aß Brot und Linsen zum Abendessen. Dies sah ein anderer Philosoph namens Aristippus, der gut davon lebte, dem König zu schmeicheln. „Würdest du lernen, dem König untertänig zu sein, dann bräuchtest du keine Linsen mehr zu essen." Darauf entgegnete Diogenes: „Wenn du lernst, von Linsen zu leben, brauchst du dem König nicht untertänig zu sein."

ROTE-LINSEN-SUPPE MIT BETE-GRÜN

Für 6 Personen | vegetarisch

200 g rote Linsen, gewaschen und abgetropft
1 EL Bockshornkleesamen
1 TL Kurkuma
Salz

Saft von 1–2 Zitronen
2 EL Ghee
1 TL Kreuzkümmel
1 TL frische Ingwerwurzel, geschält und gerieben

2 Knoblauchzehen, geschält und fein gewürfelt
Grün von 1 Bund Rote Bete, gewaschen und grob gehackt

Die Linsen mit Bockshornkleesamen, Kurkuma und 1 Prise Salz in einen Topf geben, 1 Liter Wasser angießen und alles zum Kochen bringen. Die Hitze reduzieren und die Linsen etwa 30 Minuten weich garen. Mit dem Pürierstab oder im Mixer fein pürieren. Falls die Suppe zu dick ist, noch etwas Wasser dazugeben. Mit Zitronensaft abschmecken und warm halten.

Das Ghee erhitzen. Den Kreuzkümmel kurz darin anrösten, dann den geriebenen Ingwer, den Knoblauch und die grob gehackten Blätter zugeben und kurz angaren – maximal 5 Minuten. Die Suppe anrichten, die Rote-Bete-Grün-Gewürz-Mischung darauf verteilen und die Suppe sehr heiß servieren.

LINSEN WERDEN dank der in ihnen enthaltenen Ballaststoffe und komplexen Kohlenhydrate nur langsam verdaut. Weil der Blutzuckerspiegel so über längere Zeit stabil bleibt und wenig Insulin lockt, sind sie hervorragend für Diabetiker und zur Gewichtsreduktion geeignet. Sie machen lange satt und liefern weniger Kalorien als Reis oder Nudeln. Dafür enthalten sie viele Mineralstoffe und Spurenelemente: Kalium, Magnesium, Kalzium, Zink, Kupfer, Phosphor und vor allem Eisen. Außerdem sind sie reich an Proteinen: pro 100 Gramm, das sind etwa 15 Prozent mehr als beispielsweise Rib-Eye-Steak. Tierisches Protein ist dem des Menschen zwar ähnlicher, unser Körper kann es jedoch auch schlechter verdauen.

SPINAT-BUCHWEIZEN-PUFFER

Für 4–8 Personen, je nach Menge der übrigen Speisen | vegetarisch

Dieses Rezept gelingt nicht nur kinderleicht, es ist auch kindergeliebt – und ganzjahrestauglich.

300 g Blattspinat (frisch oder TK)
1 Zwiebel, geschält und fein gewürfelt
Etwa 60 ml Sonnenblumenöl zum Braten
150 g Buchweizenschrot

4 Eier
100 ml Schlagsahne
130 g Crème fraîche
Geriebene Muskatnuss
Grob gemahlener schwarzer Pfeffer
Salz

110 g geriebener Hartkäse (alter Gouda oder Parmesan)
3 EL Semmelbrösel
2 TL Koriandergrün, fein gehackt

Frischen Spinat gründlich waschen, in kochendem Wasser blanchieren und gut ausdrücken. TK-Spinat auftauen. Die Blätter anschließend – egal ob frisch oder TK – grob hacken. Die Zwiebel in etwas Öl in einer Pfanne glasig dünsten. Den Buchweizenschrot dazugeben und 4–6 Minuten mitbraten.

Eier, Schlagsahne und Crème fraîche verquirlen, je 1 Prise Muskatnuss, Pfeffer und Salz dazugeben. Geriebenen Käse und Semmelbrösel untermischen. Spinat und gehackten Koriander zufügen, nochmals alles gut durchkneten und etwa 30 Minuten ruhen lassen.

In einer Pfanne das restliche Öl erhitzen. Mit dem Löffel kleine Häufchen von der Masse abstechen, ins heiße Öl setzen und etwas flach drücken. Auf beiden Seiten goldbraun braten und auf Küchenpapier abtropfen lassen. Schmeckt warm und kalt; dazu passt die nachfolgende Sour Cream.

GARTENKRÄUTER-SOUR-CREAM **Für 6–8 Personen | vegetarisch**

Je 1 Bund Kerbel, Petersilie, Dill und Schnittlauch, 200 g Schmand, 150 g Sahnejoghurt, 1 EL weißer Balsamico (deswegen „Sour"), Salz, grob gemahlener Pfeffer, 1–3 EL Milch (nach Bedarf)

Die Kräuter waschen und trockenschütteln. Die Blättchen beziehungsweise Spitzen von Kerbel, Petersilie und Dill zupfen und fein hacken. Den Schnittlauch in feine Röllchen schneiden. Die Stängel von Kerbel, Petersilie und Dill können, sofern sie zart sind, ebenfalls sehr fein geschnitten werden. Schmand und Sahnejoghurt mit einem Schneebesen gut aufschlagen. Kräuter und Balsamico dazugeben und unterrühren. Mit wenig Salz und etwas grobem Pfeffer nachwürzen. Falls die Creme zu fest ist, mit etwas Milch glatt rühren.

GEBRATENER RADICCHIO
ODER TREVISO*

Für 4 Personen | vegan

* Eine besondere Spezialität aus dem italienischen Veneto ist der Radicchio di Treviso.
Er hat lange, glatte Blätter und ist etwas zarter als Radicchio.

750 g Radicchio oder
   Treviso
5 EL Olivenöl

4 kleine Zwiebeln, geschält
   und fein gewürfelt
1 Knoblauchzehe, geschält
   und fein gewürfelt

Grobes Salz
Grob gemahlener Pfeffer

Den Radicchio putzen, waschen und wenn notwendig die äußeren Blätter entfernen. Den Salatkopf dann der Länge nach vierteln und den Strunk herausschneiden. In einer großen Pfanne 3 EL Olivenöl erhitzen. Zwiebeln und Knoblauch dazugeben und kurz anschwitzen. Den Radicchio bei kleiner Hitze etwa 5 Minuten mitbraten. Mit etwas grobem Salz und Pfeffer bestreuen, das restliche Olivenöl darüber träufeln und auf einer Platte anrichten. Schmeckt warm und kalt – und Ziegenfrischkäse passt wunderbar dazu, allerdings ist das Gericht dann nicht mehr vegan.

ZWEIERLEI BOHNENSALAT MIT ESTRAGON

Für 4 Personen | vegan

Dieses Rezept ist für alle, die zwar einen aromatischen Salat schätzen, aber nicht gerne grüne Blätter essen. Der Salat passt auch gut zu Currys und Kartoffeln.

200 g Zuckerschoten
200 g Erbsen (frisch oder TK)
200 g grüne, feine Bohnen
1 TL Senfsamen
1 TL Koriandersamen
4 EL Olivenöl
½ kleine rote Zwiebel, geschält und fein gewürfelt

1 Knoblauchzehe, geschält und fein gewürfelt
1 kleine milde, frische, rote Chili, fein gehackt, ohne Samen
Geriebene Schale von 1 Bio-Zitrone
2 EL Estragon, fein gehackt
1 TL Schwarzkümmel

30 g kleine rotstielige Mangoldblätter oder eine Handvoll gemischter Salat, gewaschen und geputzt

Zuckerschoten, frische Erbsen und Bohnen waschen und putzen. In einem mittleren Topf etwa 1 Liter Wasser zum Kochen bringen und das Gemüse nacheinander darin blanchieren*. Das dauert bei den Zuckerschoten 1 Minute, bei den Erbsen ½ Minute (bei TK-Erbsen 2 Minuten) und bei den Bohnen 4 Minuten. Das Gemüse in einem Sieb gut abtropfen lassen und dann in eine große Schüssel geben.

Die Senf- und Koriandersamen im Mörser grob zerstoßen. Mit dem Olivenöl in einen Topf geben und sanft erhitzen. Sobald die Samen zu hüpfen beginnen, die Zwiebel, den Knoblauch, die Chili, die Zitronenschale und den Estragon dazugeben und vermischt über das Gemüse geben. Behutsam durchmischen und den Schwarzkümmel sowie die Mangoldblätter oder den Salat darüber streuen.

* Beim Blanchieren gart das Gemüse ohne Deckel nur ganz kurz in bereits kochendem Wasser. Dann wird es sofort in ein Sieb abgegossen und mit kaltem Wasser abgebraust, damit es nicht weitergart und zu weich wird.

E

SPICY WEDGES AUS DEM OFEN

Oder wie man einfach und schnell viele Esser glücklich und satt macht.

Für 8 Personen | vegan

1 ½ kg Kartoffeln (vor-
wiegend festkochend)
3 EL Olivenöl

3 EL Blackened-Gewürz-
mischung

Den Backofen auf 200 Grad Umluft vorheizen. Die Kartoffeln schälen und je nach Größe halbieren oder in Spalten schneiden. Olivenöl und Blackened-Gewürzpulver in einer Schüssel vermischen, die Kartoffeln dazugeben und alles gut vermengen, bis sie vollständig von der Öl-Gewürzmischung umhüllt sind. Die Kartoffeln im Ofen auf einem mit Backpapier ausgelegten Blech etwa 20 Minuten goldbraun backen. Dazu passt die Sour Cream von Seite 100, ein Tomatendip oder eine schnell gerührte Mayonnaise.

BLACKENED-GEWÜRZMISCHUNG ist ein Klassiker aus der amerikanischen Südstaatenküche. Die genaue Mischung variiert von Hersteller zu Hersteller, in der Regel aber enthält sie Salz, edelsüßes Paprikapulver, Senf-, Zwiebel- und Knoblauchpulver, getrockneten Thymian oder Oregano, Kreuzkümmel, schwarzen oder bunten Pfeffer sowie Cayennepfeffer. Alternativ kann man die Wedges mit einer Mischung aus 1 EL grobem Meersalz, 1 TL edelsüßem Paprikapulver, ½ TL Rohrohrzucker sowie 1 Prise Cayennepfeffer würzen. Und wer es lieber mediterran als scharf-würzig mag, wälzt die Kartoffeln in einer Mischung aus Olivenöl und Kräutern der Provence.

KARTOFFELN SIND Erdfrüchte, daher ist auch ihre Wirkung erdend. Sie bringen körperliche Kraft, im Gegensatz zu Sonnenfrüchten wie Äpfel, die eher bei geistiger Beanspruchung zu bevorzugen sind. Ist man in einer Phase mit sehr meditativen Yogakriyas oder möchte man gerne etwas „leichter" werden, sind Erdfrüchte eher zu meiden. Hat man eine lange Wanderung vor oder harte körperliche Arbeit, sind Kartoffeln – klar Bio! – eine gute Nahrung.

BANDNUDELN MIT ARTISCHOCKEN UND TOMATEN

Für 4 Personen | vegetarisch, ohne Parmesan vegan

8–10 getrocknete Tomaten (in Öl)

2 EL Olivenöl

8 Artischockenherzen (aus dem Glas, abgetropft)

1 Knoblauchzehe, geschält und fein gewürfelt

3 EL glatte Petersilie, fein gehackt

Salz

1 EL Zitronensaft

400 g breite gewellte Bandnudeln (am besten Mafaldine)

2 EL geriebener Parmesan

Olivenöl zum Abschmecken

Getrocknete Tomaten abtupfen und in Stücke schneiden. Das Olivenöl in einer Pfanne erhitzen. Artischockenherzen mit Knoblauch und Petersilie bei mittlerer Hitze kurz dünsten, aus der Pfanne nehmen und in kleine Stücke schneiden. Dann mit den getrockneten Tomaten zurück in die Pfanne geben. Sparsam salzen und mit Zitronensaft abschmecken.

Inzwischen die Pasta in Salzwasser nach Packungsanweisung al dente kochen. Abgießen und abtropfen lassen. Die abgetropfte Pasta ebenfalls in die Pfanne geben und das Ganze noch 2–3 Minuten auf dem Herd lassen. Dann den Parmesan unterrühren und alles nach Belieben mit etwas Olivenöl abschmecken.

STATT ARTISCHOCKENHERZEN aus dem Glas kann man auch 4 frische Artischocken verwenden. Dazu zunächst die äußeren härtesten Blätter, die harten Blattspitzen und den harten Teil des Stiels entfernen. Danach jede Artischocke der Länge nach halbieren und das Heu mit einem kleinen Messer herauslösen. Die Artischockenhälften unter fließendem kaltem Wasser gründlich waschen und in einer Mischung aus 1 Liter Wasser und dem Saft von 1 Zitrone 15 Minuten einweichen. Nochmals abwaschen und dann ab damit in die Pfanne.

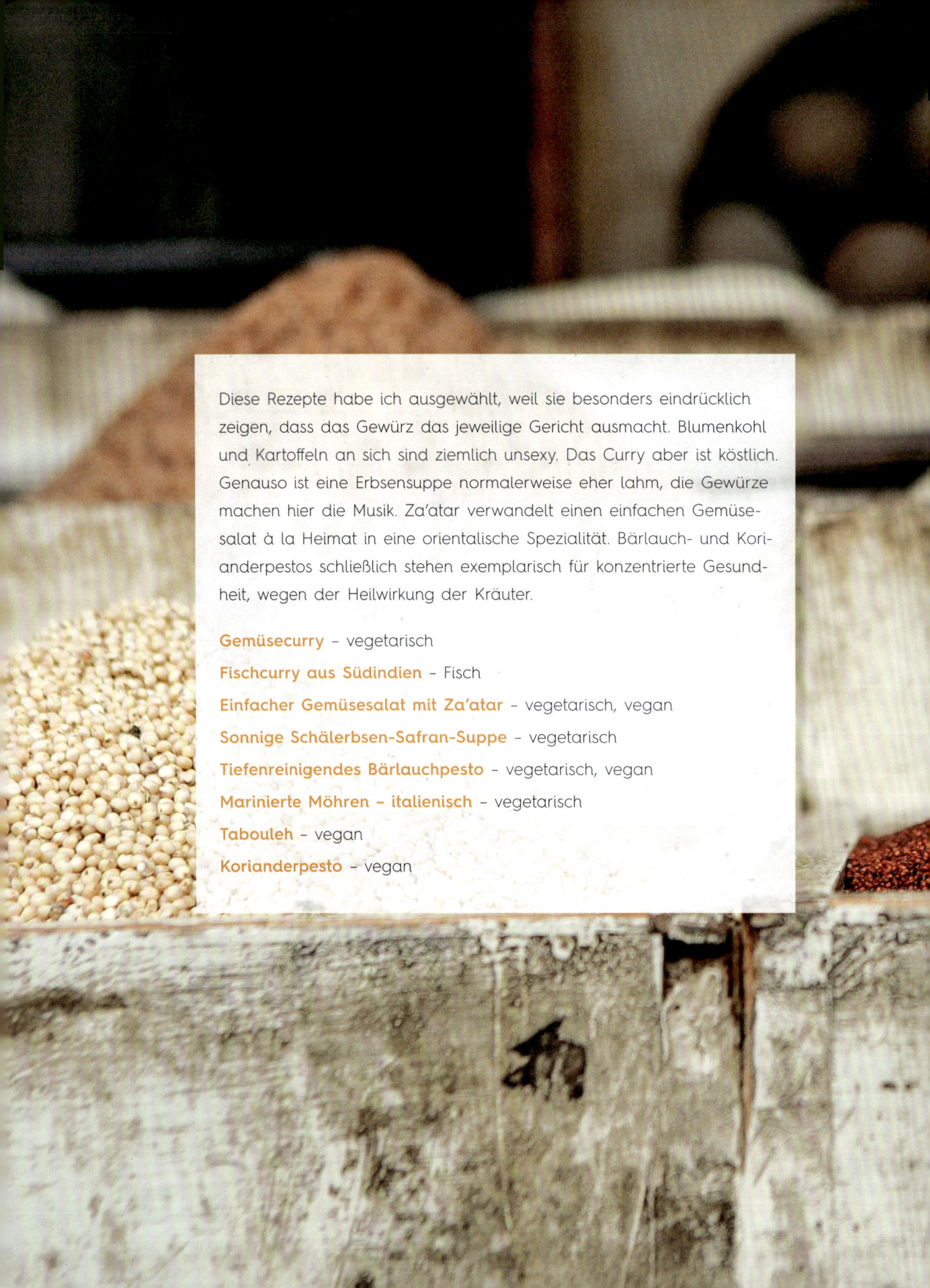

Diese Rezepte habe ich ausgewählt, weil sie besonders eindrücklich zeigen, dass das Gewürz das jeweilige Gericht ausmacht. Blumenkohl und Kartoffeln an sich sind ziemlich unsexy. Das Curry aber ist köstlich. Genauso ist eine Erbsensuppe normalerweise eher lahm, die Gewürze machen hier die Musik. Za'atar verwandelt einen einfachen Gemüse-salat à la Heimat in eine orientalische Spezialität. Bärlauch- und Kori-anderpestos schließlich stehen exemplarisch für konzentrierte Gesund-heit, wegen der Heilwirkung der Kräuter.

Gemüsecurry – vegetarisch

Fischcurry aus Südindien – Fisch

Einfacher Gemüsesalat mit Za'atar – vegetarisch, vegan

Sonnige Schälerbsen-Safran-Suppe – vegetarisch

Tiefenreinigendes Bärlauchpesto – vegetarisch, vegan

Marinierte Möhren – italienisch – vegetarisch

Tabouleh – vegan

Korianderpesto – vegan

D

DIE KRAFT DER GEWÜRZE

ODER EIN CURRY IST MEHR ALS GEMÜSE OHNE FLEISCH

D

DIE KRAFT DER GEWÜRZE

ODER EIN CURRY IST MEHR ALS GEMÜSE OHNE FLEISCH

E

„ES IST WICHTIG ZU WISSEN, WAS ZU TUN IST. ABER WIRKLICH DAS ZU TUN, WAS DU WEISST – DAS IST DAS EIGENTLICH WICHTIGE." YOGI BHAJAN

LANGE AUFENTHALTE in Indien und Thailand stellten mich hinsichtlich meiner Essgewohnheiten immer wieder vor ein Rätsel: Warum habe ich in diesen Ländern nie das Bedürfnis nach Fleisch, Fisch oder Käse? Hier zu Hause – mein Lieblingsmarktstand Käse-Thiele beteuert wahrheitsgemäß, dass ich nur in Zeiten des radikalen Basenfastens nichts zu seinem Wohlstand beitrage – muss ich mich wirklich disziplinieren, um mir selbst nicht zu schaden. Hartkäse säuert den Körper mehr als Fleisch: 100 Gramm Rumpsteak stehen mit 9 Säurepunkten PRAL mEq/100 g in der Tabelle, Quark mit 12, Hartkäse mit 18. Aber zurück zur eingangs gestellten Frage: Die Gewürze sind das Geheimnis der vegetarischen Küche Asiens. Wir komponieren eine Mahlzeit traditionell um ein Stück Fleisch oder Fisch herum, fragen uns also: „Was gibt es zum Filet oder zur Forelle?", nicht: „Was reiche ich am besten zu den Semmelknödeln?" Die Veggie-Asia-Küche dagegen beginnt immer mit den Gewürzen. Erst dann kommen Gemüse, Obst, Nüsse und vieles mehr dazu. Gehe ich also das Wagnis ein, mich europäisch vegetarisch zu ernähren, verliere ich das Zentrum meiner Mahlzeit. Auf den Tisch kommt dann nur, was am Rande übrig bleibt: die viel gerühmte Beilage. Vielleicht mit ein bisschen Currypulver gewürzt, um das Ganze auf indisch zu trimmen. Das klingt nach Mangel und schmeckt auch so. Wollen wir den Konsum von Fleisch, Fisch und Milchprodukten nicht einfach nur aus Gründen der Vernunft beschränken, sondern unser Bedürfnis danach wirklich grundlegend reduzieren, braucht es eine neue Sicht auf die Komposition der Speisen.

ÜBERFORDERE DICH NICHT. PROBIERE DIE VORGESCHLAGENEN GEWÜRZE, FINDE HERAUS, WIE SIE SCHMECKEN, UND LERNE, SIE INTUITIV ZU VERWENDEN. NICHT JEDEM FÄLLT ES LEICHT, EINEN NEUEN GESCHMACK ZU LERNEN. DAS IST ABER AUCH GAR NICHT NOTWENDIG, UM YOGISCH ZU ESSEN. JONGLIERE DEIN CURRY ZUSAMMEN.

Gewürze und Kräuter beeinflussen aber nicht nur den Geschmack. Sie besitzen auch eine gewisse Heilkraft – ein Wissen, das gerade wieder langsam in unser westliches Bewusstsein zurückfindet. Hildegard von Bingen arbeitete damit, Ayurveda tut es und TCM ebenfalls. Schon Hippokrates sprach davon, so wie es heute Rüdiger Dahlke in „Peace Food" macht. Und auf der Plattform der US-amerikanischen diätischen Gesellschaft (www.eatright.org) findet man nachhaltigen Lesestoff zur Ernährung bei Krebsleiden, Chemotherapie, Diabetes, Arthritis und Erkältungen, zum Thema Leistungssport oder „Better Aging", um nur einige zu nennen. Es würde die Grenzen dieses Buchs sprengen, auf alle einzelnen Krankheitsbilder einzugehen. Aber es gilt die Erkenntnis dafür zu entwickeln, dass wir mit dem täglichen Essen einen ungeheuren Hebel für unsere Gesundheit besitzen. Keep it simple! Man sollte selbst merken, was einem guttut. Es gibt zwar Ernährungsberater jedweder Schule, wirklich leben aber kann man nur, was dem eigenen Inneren entspricht. Nachhaltig ist nur, was auch mit unserer persönlichen Erkenntnis zusammengeht. Hierbei ist wieder Achtsamkeit gefragt: Geht es mir wirklich besser, wenn ich die ganze Tafel Schokolade auf einmal esse? Oder genieße ich jetzt lieber nur ein kleines Stück, ruhig und gelassen, ohne Reue, und halte den Rest für andere, schlechte Zeiten zurück?

Ganz ehrlich: Das Schreiben dieses Kapitels hat mich dankenswerterweise wieder einmal für die Kostbarkeit des Essens an sich und die Gesamtwirkung auf meinen Körper sensibilisiert. Ein gutes Curry ist aufwendig in der Herstellung. Doch gerade mit Sorgfalt und Liebe, Achtsamkeit und Ruhe zubereitete Speisen sind äußerst sättigend. In jeder Beziehung. Ein schnell gegrilltes Steak mit einem Tütensalat und Fertigdressing dagegen sättigt weniger nachhaltig, belastet den Magen, die Leber und die Umwelt. Noch dazu ist diese Mahlzeit eher trocken, wird im Magen also schwerer zu Speisebrei umgebaut. Dem Körper werden daher andernorts Säfte entzogen, was zu rissiger Haut, trockenen Schleimhäuten und brüchigen Nägeln führen kann. Dagegen hilft nicht einmal vermehrtes Trinken, das kann ich aus eigener Erfahrung nur bestätigen. Ja, das ist auch eine Ode an Omis dicke Suppe am Abend.

FRISCH ODER GETROCKNET?

Natürlich ist es ein Unterschied, ob ich eine frische oder eine getrocknete Chilischote verwende: Sie sehen ganz verschieden aus, schmecken unterschiedlich und würzen in vollkommen unterschiedlicher Intensität. Dies gilt auch für frischen Ingwer und Ingwerpulver, frische und getrocknete Kräuter und selbst Kümmel – gemahlen, gestoßen oder als ganze Samen, das sind drei unterschiedliche Zutaten. Aber auch hier darf man Großzügigkeit walten lassen und seinem Gefühl folgen. Lieber getrockneten Chili verwenden als nach stundenlanger Suche die frische Schote mit erschöpfter Einkaufslaune ins Butterfett werfen. Möchte man hingegen wirklich die Heilwirkung bestimmter Zutaten erfahren, muss man natürlich genau sein wie ein Apotheker. Und da zeigt sich wieder das Yoga: Das, was ich hineingebe, bekomme ich auch heraus.

GEMÜSECURRY

Für 3–4 Personen | vegetarisch

1 mittelgroße Zwiebel, geschält und fein gewürfelt

3 EL Ghee

2 rote Chilis, fein gewürfelt, ohne Samen

1 TL gemahlener Koriander

1 TL gemahlener Kreuzkümmel

½ TL frisch gemahlener Pfeffer

½ TL Paprikapulver

½ TL Kurkuma

½ TL Bockshornkleesamen oder -blätter

2 cm frische Ingwerwurzel, geschält und in Streifen geschnitten

5 Knoblauchzehen, geschält und in dünne Scheiben geschnitten

1 kleiner Blumenkohl, einschließlich Blättern, in 2 cm große Stücke geschnitten

1 TL Agavendicksaft

350 ml Kokosmilch

400 g Kartoffeln, festkochend, in 1 cm große Würfel geschnitten

Zitronensaft zum Abschmecken

Die Zwiebel in einer großen Pfanne in Ghee einige Minuten glasig dünsten. Chilis, Koriander, Kreuzkümmel, Pfeffer, Paprikapulver, Kurkuma und Bockshornklee dazugeben. Alles zusammen 2–3 Minuten anrösten, bis sich ein angenehmer Duft entwickelt. Ingwer und Knoblauch mit in die Pfanne geben und weitere 2–3 Minuten auf mittlerer Hitze anrösten (die Paste darf allerdings nicht anbrennen!).

200 ml Wasser angießen, kurz aufkochen, dann den Blumenkohl, den Agavendicksaft, die Kokosmilch und die Kartoffelwürfel zuletzt dazugeben. Alles bei kleiner bis mittlerer Hitze sanft vor sich hin köcheln lassen, bis das Gemüse gar, aber noch bissfest ist (das dauert etwa 10–15 Minuten).

Das Curry mit Zitronensaft sowie nach Belieben weiterem Agavendicksaft und Gewürzen abschmecken – eher süßlich, eher scharf. Je nach Geschmack. Dazu passt Reis.

 DIESES CURRY schmeckt auch mit anderem Gemüse sehr gut, etwa Brokkoli, Spitzkohl, Rosenkohl oder Möhren.

FISCHCURRY AUS SÜDINDIEN

Für 4 Personen | Fisch

2 Makrelen oder 400 g
   weißes Fischfilet, das
   beim Kochen nicht
   zerfällt
1 walnussgroßes Stück
   Tamarindenpaste
8 EL Kokosraspel

½ TL Kurkuma
¼ l Kokosmilch
1 Prise Chilipulver
¼ TL Kreuzkümmel
1 grüne Chili, fein gehackt,
   ohne Samen

2 cm frische Ingwerwurzel,
   geschält und fein
   gewürfelt
15 Curryblätter
150 ml Fischfond
Salz

Entweder schneidet man den Fisch ohne Kopf und Schwanz in Stücke schneiden – so macht man das im Street Food, man hat dann allerdings mit den Gräten im fertigen Gericht zu kämpfen – oder man verwendet küchenfertiges Fischfilet (Seeteufel, Lachs, Victoriabarsch) und schneidet dieses in 2 cm breite Streifen.

Die Tamarindenpaste in 50 ml warmem Wasser auflösen. Kokosraspel und Kurkuma mit Kokosmilch im Mixer pürieren. Den Fisch in eine Kasserolle legen. Erst den Tamarindensaft, dann den Kokosmilchmix, Chilipulver, Kreuzkümmel, die gehackte Chilischote, Ingwer und Curryblätter zugeben. Mit dem Fischfond aufgießen. Den Deckel auf die Kasserolle setzen und alles bei starker Hitze 10 Minuten kochen lassen. Je nach Geschmack nochmals vorsichtig mit etwas Salz nachwürzen.

 BEI EMPFINDLICHEREM Fisch sollte der Currysud erst 5 Minuten vor sich hin kochen, ehe man die rohen Filets hineinlegt.
Anstelle des Fisches lässt sich das Curry auch mit jeder Art von Gemüse zubereiten (vegan). Statt Fischfond dann einfach Gemüsefond angießen.

EINFACHER GEMÜSESALAT MIT ZA'ATAR

Für 6 Personen | vegetarisch, mit Ahornsirup vegan

Za'atar oder Biblischer Ysop kommt aus Nordafrika, dem Nahen Osten und der Türkei. Die Gewürzmischung besteht aus Sumach, gerösteten Sesamsamen, Zahtar-Kraut (eine Majoranart), syrischem Ysop und Salz.

2 mittelgroße Gurken
2 rote Paprikaschoten
500 g Tomaten, am schönsten ist eine Mischung aus Kirsch, Pflaumen- und Fleischtomaten verschiedener Farben
1 große rote Zwiebel, geschält und fein gewürfelt
3 weiße Zwiebeln, geschält und fein gewürfelt
1 Tasse glatte Petersilie, fein gehackt

¼ Tasse Minze, fein gehackt
Für das Dressing
3 EL frisch gepresster Zitronensaft
4 EL Olivenöl
1 TL flüssiger Honig oder Ahornsirup
2–4 Knoblauchzehen, geschält und sehr fein gehackt
Geriebene Schale von 1 Bio-Zitrone

Meersalz
Frisch gemahlener Pfeffer
Za'atar
1 Handvoll Hanfcracker, dünnes Vollkornknäckebrot oder dünn geschnittenes, geröstetes Sauerteigbrot

Das Gemüse waschen und putzen. Die Gurke längs halbieren, die Kerne entfernen und ebenso wie die Paprikaschoten (mit Schale) in mundgerechte Stücke schneiden Die Tomaten halbieren, die Stielansätze herausschneiden und die Kerne mit einem Löffel herauslösen. Das verbliebene Fruchtfleisch je nach Größe nochmals kleiner schneiden. Die kleinen Kirschtomaten nur halbieren. Gemüse, Zwiebeln, Petersilie und Minze in eine Schüssel geben.

Für das Dressing Zitronensaft, Olivenöl, Honig oder Ahornsirup, Knoblauch, Zitronenschale, sowie je 1 Prise Meersalz und Pfeffer in ein Schraubglas geben. Alles kräftig verschütteln, über das Gemüse geben, unterheben und den Salat 30 Minuten durchziehen lassen. Direkt vor dem Servieren großzügig Za'atar über den Salat streuen. Die Cracker oder das knusprige Brot unterheben und sofort essen.

SONNIGE SCHÄLERBSEN-SAFRAN-SUPPE: EINFACH UND ÜBERRASCHEND

Für 6 Personen | vegetarisch

200 g gelbe geschälte
  Erbsen
20 Fäden Safran oder
  2–3 Tütchen gemahlener
  Safran
2 große Stangen Lauch

4 Möhren
1 kleiner Hokkaidokürbis
1 EL Ghee
¼ TL gemahlener Kreuz-
  kümmel
½ TL Paprikapulver

5 Lorbeerblätter
4 Knoblauchzehen, geschält
  und fein gewürfelt
1 ½ l Gemüsebrühe
Etwas Zitronensaft
1 Prise Salz

Die Erbsen über Nacht in einer Schale mit kaltem Wasser bedeckt stehen lassen. Die Safran-fäden in 2 EL lauwarmem Wasser einweichen. Den Lauch putzen, waschen, längs halbieren, in 4 cm lange Stücke schneiden und dann nochmals längs in feine Streifen schneiden. Möhren putzen, schälen und in ebenso lange, dünne Streifen schneiden. Den Kürbis waschen, teilen und mit Schale ebenfalls in längliche, schmale Stücke schneiden (Kerne entfernen).

Das Ghee in einem großen Topf schmelzen lassen, Kreuzkümmel, Paprika, Lorbeer und Knob-lauch dazugeben. Möhren, Kürbis und Lauch kurz mit anschwitzen und mit der Brühe auf-füllen. Die Erbsen dazugeben und alles ungefähr 1 Stunde schwach kochen lassen. Nun den Safran dazugeben (gemahlenen Safran direkt hinzufügen) und mit Zitronensaft abschmecken. Je nach Salzgehalt der Brühe vielleicht noch etwas nachsalzen. Zum Servieren mit etwas Pa-prikapulver bestreuen.

Wer gerne dicke Suppen isst, kann am Ende auch alles pürieren und die Suppe mit ein paar gerösteten Sonnenblumenkernen bestreuen.

 SAFRAN IST sowohl für Männer als auch für Frauen ein Potenzmittel und hilft bei Depres-sionen und PMS. Er ist aber auch eines der teuersten Gewürze der Welt und wird daher oft mit anderen Pflanzenteilen gestreckt. Original oder Fälschung? Wenn Sie eine kleine Menge Safran in etwas warmes Wasser oder warme Milch geben und sich die Flüssigkeit unver-züglich gelb verfärbt, handelt es sich um eine Fälschung. Echter Safran muss eine Weile in warmer Flüssigkeit einweichen, ehe sich diese tiefrotgold färbt.

ERBSEN ENTHALTEN wie fast alle Hülsenfrüchte reichlich Proteine sowie Molybdän (für Kno-chen und Zähne) und viele Ballaststoffe, aber kein Fett.

TIEFENREINIGENDES BÄRLAUCHPESTO

Oder: „Ich bleibe heute Nacht allein."

Ergibt 1 kleines Marmeladenglas voll | vegetarisch, mit Agavendicksaft vegan

1 Bund Bärlauch
130 g Cashewkerne
1 Knoblauchzehe, geschält
1 EL Honig oder Agaven-
 dicksaft

Geriebene Schale und Saft
 von 1 Bio-Zitrone
5 EL Olivenöl
Meersalz

Den Bärlauch gut waschen, egal ob er aus dem Laden, dem nächsten Stadtpark, dem Wald oder dem eigenen Garten kommt. Auf einem Küchentuch trocknen lassen oder trockenschleu- dern. Die Cashewkerne achtsam in einer Pfanne ohne Fett goldbraun rösten. Soll das Pesto besonders cremig werden, weichen Sie die Kerne, anstatt sie zu rösten, etwa 4 Stunden in warmem Wasser ein. Anschließend gründlich abtropfen lassen.

Bärlauch und Cashewkerne mit der geschälten Knoblauchzehe, Honig oder Agavendicksaft sowie Zitronenschale und -saft in der Küchenmaschine, im Mixer oder mit dem Pürierstab zerkleinern. Dabei langsam so viel Olivenöl zugeben, bis das Pesto die gewünschte Konsistenz hat – je nach Verwendung (mit Pasta, zu Reis oder auf einem Sandwich). Falls es noch zu dickflüssig ist, die Ölmenge erhöhen. Mit 1 Prise Meersalz abschmecken.

Das Pesto hält sich im Kühlschrank in einem Schraubglas bis zu 1 Woche. Die Kraft des Bärlauchs schwindet aber täglich. Das Pesto schmeckt als Brotaufstrich, zu gegrillter Zucchini oder Aubergine ebenso wie zu Kartoffeln.

BÄRLAUCHPASTA
Für Bärlauch-Pasta kochen Sie **500 g Rigatoni** oder **Farfalle** nach Packungsanweisung al dente. Währenddessen **200 g Kirschtomaten** waschen und vierteln. Die abgetropften Nudeln mit den Tomaten, **150 g schwarzen Oliven (ohne Stein)** sowie dem Pesto im noch warmen Topf vermischen. E basta!

WER LAUCH und Knoblauch schätzt, den Geruch danach aber nicht, sollte nach dem Pesto-Genuss ein Bund Petersilie knabbern oder sich in der Apotheke Chlorophylltabletten besorgen. Chlorophyll nimmt den Knoblauchgeruch und ist dazu noch ungeheuer gesund. Es verbessert nicht nur die Qualität des Blutes. Wissenschaftler fanden auch heraus, dass es Darmkrebszellen zehnmal wirksamer vernichtet als ein Medikament, das normalerweise zur Chemotherapie eingesetzt wird.

MARINIERTE MÖHREN – ITALIENISCH

Für 4 Personen | vegetarisch

500 g junge Möhren
¼ l trockener Weißwein
¼ l Gemüsebrühe oder
    Wasser
2 EL weißer Balsamico oder
    Weinessig
1 Kräutersträußchen aus
    Lorbeer, Minze, Petersilie,
    Rosmarin

2 Knoblauchzehen, geschält
    und in dünne Scheiben
    geschnitten
1 EL Honig oder Agaven-
    dicksaft
2 EL Olivenöl
Salz
Frisch gemahlener Pfeffer

1 Bund Basilikum, die Blätt-
    chen abgezupft und grob
    gehackt

Die Möhren putzen und in etwa 3 mm breite Streifen schneiden. Wenn Sie sie leicht diagonal schneiden, sind die Scheibchen etwas größer.

Weißwein, Brühe oder Wasser und Essig zusammen mit dem Kräutersträußchen, dem Knoblauch und dem Honig oder Agavendicksaft in einem Topf zum Kochen bringen. Die geschnittenen Möhren dazugeben, die Hitze reduzieren und bei kleiner Hitze sanft bissfest garen. Das dauert je nach Dicke der Scheiben und Alter der Möhren 8–15 Minuten.

Die Möhren aus dem Sud nehmen und diesen bis auf etwa ¼ Liter einkochen. Das Kräutersträußchen entfernen und den konzentrierten Sud über die Möhren gießen. Zugedeckt mindestens 5 Stunden ziehen lassen. Im Kühlschrank hält sich das Gemüse so auch gut 3 Tage.

Unmittelbar vor dem Servieren das Olivenöl untermischen, mit Salz und Pfeffer abschmecken und die Möhrchen mit dem gehackten Basilikum bestreuen.

 **BASILIKUM HÄLT** Wespen fern: Ein Sträußchen auf dem Tisch und es ist Ruhe. Außerdem regt er Appetit und Verdauung an, reinigt den Darm, wirkt krampflösend, menstruationsfördernd und beruhigend.

MIT EIN paar Extras eignet sich dieses Gemüse hervorragend als „To go" für die Lunchbox. Einfach 1 Handvoll Sonnenblumenkerne oder Chiasamen darüberstreuen und eine Scheibe „Besser als Brot" dazu – fertig!

TABOULEH – UND SCHLUSS MIT NAHRUNGSERGÄNZUNGSMITTELN*

Für 2 Personen | vegan

* Dieses Tabouleh zusammen mit dem Pesto von Seite 129 enthält so viele Vitamine, Mineral-stoffe und andere wertvolle Substanzen, dass man getrost alle Pillen beiseitelassen kann – vorausgesetzt, die Kräuter und das Pesto sind frisch.

200 g Couscous
1 kleine Zwiebel, geschält und in feine Ringe geschnitten
1 EL Olivenöl
Salz

Gemahlener Kreuzkümmel
1 grüne Chili, fein gehackt, ohne Samen
1 TL Kurkuma
3 Frühlingszwiebeln in fei-nen Ringen

50 g geschälte, geröstete, ungesalzene Pistazien-kerne
30 g Rucola, gewaschen und grob gehackt

Den Couscous in eine Schüssel füllen, mit ¼ Liter kochendem Wasser übergießen und, die Schüssel fest mit Frischhaltefolie verschlossen, 10 Minuten quellen lassen. Währenddessen die Zwiebelringe in Olivenöl goldgelb dünsten. 1 Prise Salz und 2 Prisen Kreuzkümmel zufügen, gut vermischen und alles abkühlen lassen.

Den Couscous mit einer Gabel lockern. Zwiebelringe, Chili, Kurkuma, Frühlingszwie-beln und Pistazien sowie ⅔ des Rucola behutsam untermischen. Kurz vor dem Servieren den restlichen Rucola über den Couscous streuen.

 TABOULEH SCHMECKT warm, lauwarm oder kalt. Es hält sich auch gut im Kühlschrank und ergibt so am folgenden Tag ein wertvolles Office Lunch.

KORIANDERPESTO

Ergibt 1 kleines Marmeladenglas voll | vegetarisch (ohne Parmesan vegan)

Das Wort „Pesto" kommt aus dem Italienischen und heißt zerstoßen. Das „Ur-Pesto" stammt aus Genua, Pesto alla genovese. Man kann Pesto aber auch als ein Zubereitungsprinzip verstehen: Kräuter und ein Bindemittel wie Nüsse, Kerne oder Käse mit Öl sehr fein pürieren.

1 Bund Petersilie, die Blättchen abgezupft und gehackt

1 Bund Koriander, gehackt (die Stängel können dranbleiben)

2 EL Estragon, gehackt
2 EL Dill, gehackt
2 EL Minze, gehackt
40 g Nüsse oder Parmesan
150 ml Olivenöl

Die Kräuter mit den Nüssen oder dem Parmesan und dem Olivenöl in der Küchenmaschine, im Mixer oder mit dem Pürierstab zu einer homogenen Masse verarbeiten. In ein Glas füllen und zum Tabouleh von Seite 126 oder zu Gemüse, Kartoffeln oder einem Stück Brot reichen. In einem Schraubglas und mit Öl bedeckt, hält sich das Pesto im Kühlschrank ein paar Tage.

FRISCH ZUBEREITET ist dieses Kräuterpesto eine echte Superfood-Granate. Es ist extrem reich an Vitamin C, Betacarotin, Kalium, Kalzium, Mangan, Eisen und Magnesium. Koriandergrün gilt darüber hinaus als eine der wertvollsten pflanzlichen Quellen für Vitamin K.

S

SPANNENDE DIÄTEN UND YOGISCHE SPECIALS

SPANNENDE DIÄTEN

EINE DIÄT soll spannend sein? Ja! Denn unsere Essgewohnheiten sind archaisch, mit dem Essen verbinden wir gewichtige Emotionen: Glück, Geborgenheit, Trost, Selbstzerstörung, Versagung und Belohnung sind nur einige davon. Könnten wir diese Emotionen von der Nahrungsaufnahme trennen, wären viele von uns bedeutend freier.

Aus welchen Gründen man eine Diät auch macht: Sie ist immer eine kleine Reise. Es ist daher nicht verwunderlich, dass etwas mit den Gefühlen geschieht, wenn wir unsere Ernährung ändern. Vielleicht haben wir uns über Jahrzehnte ein Gemisch aus Kohlenhydraten, Fett und Zucker zugeführt und uns seit Generationen eine Werteskala für guten Geschmack und angenehme Konsistenzen angeeignet. Dann glauben wir natürlich nicht, dass unser Körper mit Wohlwollen und Erleichterung reagiert, wenn wir ihm etwas komplett Ungewohntes vorsetzen. Das Glücksgefühl, das ein frischer Obstkuchen mit Schlagsahne unter dem Apfelbaum auslöst, kann ein Röschen Brokkoli al dente auf dem Teller nur schlagen, wenn eine gehörige Portion Verstand dazugelegt wird. Der geht aber bekanntlich nicht durch den Magen.

Müde oder traurig? Schokolade macht glücklich, Pasta auch. Sind diese aber eine Zeit lang tabu, wo sollen dann Frust und Müdigkeit hin? Gibt es dann Salat, werden sie sich schon melden …

Das Spannende an Diäten ist also nicht nur das Ergebnis – weniger Gewicht, bessere Haut, weniger Unverträglichkeiten, verringerte Schmerzen oder tieferer Schlaf. Spannend sind auch die Gefühle auf dem Weg dorthin. Wie gehe ich mit mir um? Was meldet mein Körper? Wer siegt: mein Verstand oder die alten Gefühle? Wähle ich lieber eine radikale Erfahrung oder bin ich doch eher der sanfte Typ, der sich und seinem Körper Zeit lässt und geduldig ist? Woher speisen sich meine Quellen der Kraft, damit ich nicht rückfällig werde? Wie euphorisierend ist das Glück, gegen sich selbst gesiegt zu haben?

Eine yogische Diät dient immer auch der Selbsterfahrung. Eine mutige Wahl, Disziplin und der Dialog mit sich selbst ermöglichen eine tiefe innere Reinigung, eine Befreiung von Ärger und Negativität. Yogi Bhajan, Ph.D. sagt: „Wenn du einmal nicht weiter weißt, höre auf zu essen." Diäten machen nämlich empfindsam und dünnhäutig. Aus diesem Grund sollte man sie auch schrittweise beenden. Sonst teilt einem der Körper sehr unangenehme Dinge mit. Drei Wochen nur gedünstetes Gemüse und dann plötzlich eine ganze Pizza und ein Glas Rotwein? Das kann nicht gut gehen. Kompliziert sollte die erste Diät natürlich nicht sein. Mein absoluter Favorit ist daher die grüne Diät. Sie ist in jeder Hinsicht denkbar einfach. Man kann sie sogar durchhalten, wenn man im Restaurant isst, eine Familie zu versorgen hat oder zu den bekennenden Kochmuffeln zählt. Das späte Frühjahr ist der ideale Startpunkt für die persönliche grüne Woche. Die Natur kleidet sich in Grün und auf dem Markt oder im Supermarkt gibt es viel heimisches Grünzeug.

GOOD TO KNOW

Schwarzer Pfeffer verringert die Gasbildung im Darm und hilft bei Verstopfung.

Kurkuma wirkt blutverdünnend, entzündungshemmend (besonders bei Gelenkerkrankungen) und verjüngend auf die Schleimhäute der Frau – empfehlenswert besonders jenseits der Menopause.

Forever young: Am Morgen als Erstes ein Glas warmes Wasser zu trinken, hilft dem Stoffwechsel, der Verdauung und dem allgemeinen Wohlbefinden auf die Beine. Danach reinigt, kühlt und sättigt ein Glas Gurkensaft, auch wenn er etwas mehr Arbeit macht als das Wasser. In der kalten Jahreszeit ist ein Glas Möhren-Rote-Bete-Saft besser – gut für die Leber und den Blutzucker.

Mandeln enthalten sehr viele Vitamine und Mineralstoffe, besonders das wichtige Vitamin E und Magnesium. Sie sind sowohl für die innere als auch die äußerliche Anwendung ein Geschenk: Nach dem Duschen reines Mandelöl in die feuchte Haut massieren, danach noch einmal kurz kalt abbrausen und die Haut ist sauberer und besser entgiftet als mit jeder Seife.

Römische Ärzte waren der Ansicht, dass sich mit Knoblauch 61 verschiedene Leiden heilen ließen. Seit Langem werden Knoblauch und dessen Extrakte bei Störungen im Magen-Darm-Trakt, Blutvergiftung, Typhus, Cholera, bakteriellen Infektionen und sogar gegen Krebs eingesetzt. Das Zwiebelgewächs stimuliert zudem die Produktion von Spermien und ist förderlich für die sexuelle Potenz und starke Nerven.

Zwiebeln und Zwiebelsaft dienen der Heilung von Ohrenschmerzen, Erkältung, Fieber, Kehlkopfentzündung, Durchfall, Warzen und Krebs. Sie regen die Blutproduktion an, wirken antibakteriell und erhitzend, geben dem Körper Energie, reinigen die Leber und vermindern Verschleimung. Während einer Diät verhelfen rohe Zwiebeln zu geistiger Klarheit. Wer unter erhöhtem Blutdruck, Blähungen und/oder Magengeschwüren leidet, sollte Zwiebeln jedoch nicht roh verzehren.

Ingwer wird seit Jahrhunderten als Gewürz und Medizin verwendet. Die scharfe Wurzel ist gut für die Nerven, wirkt ausgleichend und stärkend, hilft bei Müdigkeit, Erkältung, Bronchialbeschwerden und Husten und stimuliert die Verdauung. Aus yogischer Sicht verbessert er die Zusammensetzung der Gehirn-Rückenmark-Flüssigkeit.

DIE EINZIGE MÖGLICHKEIT, NICHT
ZU SCHEITERN, IST, NICHTS ZU
VERSUCHEN. WAGE EIN KLEINES
EXPERIMENT AN DIR SELBST.

GRÜNE DIÄT

Die grüne Diät ist eine aufbauende Diät, die den Körper entsäuert, die Haut und die Leber reinigt und bei chronischer Verschleimung hilft. Man beginnt sie am besten im späten Frühjahr: Es grünt und sprießt in der Natur und auf dem Markt oder im Supermarkt gibt es wunderbar frisches, regionales Grünzeug zu kaufen. Das passt.

Erlaubt ist alles Grüne – egal ob roh oder gedünstet, ohne oder mit sehr wenig Fett gegrillt. Einmal wöchentlich isst man zusätzlich eine Handvoll Nüsse, gekochtes Getreide oder Reis. Ansonsten gibt es keine Mengenangaben, denn der Fastende wird sehr schnell merken, was und wie viel ihm wohl bekommt. Man muss nicht hungern. Als Getränk ist jede Art von Tee (ohne Milch und Süßungsmittel) und natürlich Wasser aller Temperaturen angemessen. Grüne Säfte und Smoothies ebenfalls.

Man kann mit einer 3- bis 7-tägigen Diät beginnen und diese dann bis auf 40 Tage ausweiten. Aber Vorsicht, bitte nicht übertreiben, sonst meldet sich der Magen mit Schmerz und der Erfolg der Diät ist dahin.

Um die Diät zu beenden, kommt zuerst jede Art von Obst dazu, anschließend Getreide und zuletzt Milchprodukte.

„IT IS SIMPEL BUT NOT EASY."

BRYAN KEST

VERJÜNGENDE DIÄT

Diese Paleo-Diät für Vegetarier reinigt und vitalisiert. Sie ist denkbar einfach und am besten im Sommer auszuprobieren. Denn warmes Wetter unterstützt das Durchhaltevermögen.

10 bis 30 Tage isst man nur Früchte, Nüsse und rohes oder gekochtes Gemüse. Kräuter und Olivenöl sowie Essig sind natürlich auch erlaubt. Vorsicht: Säfte sind für diese Ernährung nicht geeignet, Smoothies aus ganzen Früchten sind hingegen erlaubt und erwünscht.

Um das Fasten zu beenden, sollten dann als Erstes wieder Milchprodukte in den Speiseplan aufgenommen werden.

WENIGER GEWICHT, REINE HAUT, GESUNDER DARM

Dieses Gericht eignet sich für eine Mono-Diät über etwa 3 bis 4 Tage. Sie können dreimal am Tag so viel davon essen, wie Sie möchten. Dazu gibt es entweder Wasser oder Yogitee (siehe Seite 142).

Für 2 Portionen | vegetarisch, glutenfrei

4 Stangen Staudensellerie
4–5 mittelgroße Zucchini
1 Bund Petersilie
1 Zweig Minze

½ TL frisch gemahlener
Pfeffer
250 g Hüttenkäse

Sellerie und Zucchini waschen, putzen und in Stücke schneiden. Petersilie und Minze abbrausen, trockenschwenken und die Blättchen abzupfen.

In einem Topf etwas Wasser zum Kochen bringen, ein Dämpfkörbchen einhängen und das Gemüse und die Kräuter darin weich garen. Je nachdem, wie grob das Gemüse gewürfelt wurde, kann das bis zu 10 Minuten dauern. Pürieren, mit Pfeffer würzen und mit Hüttenkäse servieren.

SOLLTEN EINEM bei dieser Diät einmal die Nerven schwach werden: Selleriesaft hilft – auch in anderen schwachen Momenten.

MUNGBOHNEN UND REIS – DIE NAHRUNG DER ENGEL

Es gab einst einen heiligen alten Mann in Indien, der sich nur von Mungbohnen mit Reis und Joghurt oder gekochtem Gemüse ernährte. Jeden Abend bereitete er seine Speise zu und aß zweimal täglich eine Schale davon. Dieser Mann war so strahlend, eben durch dieses Essen. Jeden Morgen wartete daher eine lange Schlange Kranker vor seiner Tür. Seine Medizin waren Mungbohnen, Reis und Joghurt – und alle wurden gesund.

Diese drei Nahrungsmittel enthalten alles, was unser Körper braucht: Proteine, Kohlenhydrate, Vitamine und Mineralstoffe. Die Diät ist sehr einfach, ehrlich. Sie ist gut für die Nieren, alle Verdauungsorgane und den Darm. Man isst nur Mungbohnen und Reis, die zusammen mit viel grünem Gemüse, Kräutern und Gewürzen gekocht werden. Knoblauch, Ingwer und Zwiebeln verfeinern den Geschmack. Zwischen den Mahlzeiten sind frische Früchte erlaubt, ebenso Yogitee. Bei Bedarf kann auch etwas Joghurt gegessen werden. Sie können diese Diät für 7 oder 30 Tage machen oder auch Ihr Leben lang. Weil sie ausreichend Kraft und Wärme gibt, ist sie eine ideale Winter-Diät. Man verliert leicht überflüssiges Gewicht, hat wirklich keinen Hunger und die anderen kleinen Quälgeister im Kopf lassen einen auch nach ein paar Tagen in Ruhe.

MUNGBOHNEN, REIS UND GEMÜSE

(KICHEREE) – reicht etwa 2 Tage für 1 Person

125 g Mungbohnen
125 g Basmatireis
800–1000 g klein geschnittenes Gemüse, z.B. Karotten, Sellerie, Rote Bete
2 EL Öl
2 Zwiebeln, geschält und fein gewürfelt
2 Knoblauchzehen, geschält und fein gewürfelt
100 g frische Ingwerwurzel, geschält und fein gewürfelt
1 TL Kurkuma
1 TL frisch gemahlener schwarzer Pfeffer

Dazu gehören folgende Gewürze, deren Mengen man variieren kann:

1 TL Garam Masala (indische Gewürzmischung)
1 TL Basilikum, fein gehackt
2 Lorbeerblätter
Samen von 5 Kardamomkapseln
Nach Belieben ein paar Löffel Naturjoghurt

Mungbohnen und Reis in einem Sieb waschen. In einem Topf 9 Tassen Wasser zum Kochen bringen, Reis und Bohnen zugeben, die Hitze reduzieren und alles bei geschlossenem Deckel garen. Nach ungefähr 10 Minuten das klein geschnittene Gemüse zufügen und so lange garen, bis der Reis gar, die Mungbohnen weich und das Gemüse gar ist. Währenddessen das Öl in einer Pfanne erhitzen. Zwiebeln, Knoblauch und Ingwer zugeben und unter Rühren leicht bräunen. Kurkuma, Pfeffer und nach Belieben Garam Masala, Basilikum, Lorbeerblätter und Kardamom unterrühren. Die Mischung zum Reis-Gemüse geben und dieses unter häufigem Rühren bei kleiner Hitze einige Minuten weiterköcheln – die Konsistenz sollte dick und suppig sein. Die gesamte Kochzeit beläuft sich auf ca. 20 Minuten. Nach Belieben mit Naturjoghurt servieren.

DIE WIRKSAMSTE MEDIZIN IST DIE
NATÜRLICHE HEILKRAFT, DIE IM INNEREN
EINES JEDEN VON UNS LIEGT.

YOGITEE – YOGIS SPECIAL

Ergibt 1 Glas | vegetarisch, ohne Kuhmilch und Honig vegan

3 Knoblauchzehen

2 Scheiben frische Ingwerwurzel

3 Nelken

4 grüne Kardamomkapseln

4 schwarze Pfefferkörner

½ Zimtstange

¼ TL schwarzer Tee (ent-

spricht 1 Teebeutel)

1 ¼ l Kuhmilch oder Soja-,
  Reis- oder Mandeldrink

Honig nach Geschmack

In einem kleinen Topf 315 ml Wasser zum Kochen bringen. Knoblauch, Ingwer, Nelken, zer-
drückte Kardamomkapseln, Pfeffer und Zimt zufügen und das Ganze bei geschlossenem
Deckel 10–15 Minuten vor sich hin köcheln lassen. Den Topf vom Herd nehmen, den Schwarztee
einrühren und 1–2 Minuten ziehen lassen. Milch, Soja-, Reis- oder Mandeldrink und nach Belieben Honig unterrühren, alles noch einmal aufkochen und anschließend durch ein Sieb gießen.

 DER TEE ist gut für Blut, Dickdarm, Nerven, Leber und Knochen, bei Erkältung, Grippe und
Schwäche. Alle Zutaten haben ihre eigene Heilwirkung. Die Tagesdosis ist frei wählbar.

GOLDENE MILCH – YOGIS SPECIAL

Ergibt 1 großes Glas | vegetarisch, ohne Kuhmilch und Honig vegan

½ TL Kurkuma
¼ l Kuhmilch, Mandel-
    oder Sojadrink

2 Scheiben Ingwerwurzel,
    ungefähr 3 mm dick,
    geschält

2 EL kalt gepresstes
    Mandelöl
Honig nach Geschmack

In einem kleinen Topf Kurkuma 8 Minuten mit 65 ml Wasser (entspricht 4 EL) kochen, bis sich eine dicke Paste bildet. Falls zu viel Wasser verkocht, noch ein wenig zufügen. In der Zwischenzeit die Kuhmilch oder den Mandel- oder Sojadrink mit dem Ingwer und dem Mandelöl einmal aufkochen. Vom Herd nehmen, die Kurkumapaste einrühren und nach Belieben mit Honig süßen.

AM BESTEN stellt man gleich eine größere Menge von der Kurkuma-Paste her. In einem Schraubglas hält sie im Kühlschrank bis zu 40 Tage. Man braucht dann nur etwa ½ Esslöffel der Paste auf ein Glas „Milch".

 DIE MILCH ist fantastisch für die Gelenke, wirkt stark entzündungshemmend und pflegt die Schleimhäute. Laut Studien beugt Kurkuma Alzheimer vor und blockt freie Radikale. Und was Ingwer alles Gutes tut, wurde andernorts im Buch schon besungen.

Die Rezepte in diesem Kapitel sollen eine kleine Anregung sein, immer wieder einmal daran zu denken, dass es Unterschiede zwischen Männern und Frauen gibt. Es gibt ausgesprochene Männer- und Frauenlieblinge, aber besonders die Art, WIE man isst, unterscheidet sich. Auch das Fotoshooting für dieses Buch hat wieder gezeigt: Stehen mehrere Alternativen auf dem Tisch, wählen Männer kollektiv anders als Frauen.

Gemüsesalat aus Möhren und Roten Beten – vegan, glutenfrei

„Potente" Kartoffeln – vegetarisch, glutenfrei

Safran-Mandel-Reis mit Joghurt – vegetarisch, glutenfrei

Reis mit den drei königlichen Knollen – vegetarisch, glutenfrei

Jaalaa-Jeera – weniger Gewicht für Männer und Frauen – vegan

Spicy Möhrensalat aus dem Oman – vegan, glutenfrei

Ms Whiz – vegan

M
MÄNNER UND FRAUEN
SONNE UND MOND

IM YOGISCHEN repräsentiert der Mann die Sonnenenergie, wobei die Sonne entweder scheint oder nicht. Die Frau steht für die Energie des Mondes, der ab- und zunimmt und somit viele verschiedene Zustände kennt. Mithilfe dieses Bildes lässt sich vieles umwerfend elegant erklären. Zum Beispiel warum Männer so zielgerichtet sind und es nicht wertschätzen, wenn ihnen ihre geliebte Frau die elfte mögliche Variante der Abendgestaltung präsentiert. Oder auch, dass Frauen genau wegen dieses Variationsreichtums schneller einen Parkplatz finden ...

Wesen so unterschiedlicher Qualitäten und von so unterschiedlichen Planeten brauchen unterschiedliche Nahrung. Das scheint naheliegend. So wählen Frauen den Salat oder eine Suppe, während ihr Schatz auf diesem Ohr eher taub ist. Für Frauen gilt: Die Mahlzeit sollte ihren Magen nach zwei Stunden verlassen haben, den Darm spätestens nach 18 Stunden. Sonst geht es ihnen in vieler Hinsicht nicht gut. Der weibliche Hang zu grünen Gemüsen, Nüssen und Obst, Rosinen und Datteln anstelle von Industriezucker oder aber Tee anstelle von Alkohol ist also eine vollkommen natürliche Nicht-Anstrengung.

Weil ihre Verdauungssäfte weniger stark sind als die der Männer, neigen Frauen auch dazu, ständig etwas zu knabbern. Männern ist das fremd. Für sie gelten andere Regeln: Sie brauchen unbedingt eine stressfreie, ruhige Umgebung, eine liebevoll zubereitete Mahlzeit aus guten Zutaten und genug Zeit zum Essen. Essen unter Druck schwächt ihr Nervenkostüm. Zu viel tut aber auch ihnen nicht gut. Ist ihr Magen zu mehr als drei Vierteln gefüllt, wirkt sich das negativ auf die Potenz aus. Sex direkt nach einem großen Essen überfordert den männlichen Körper – und damit in der Regel auch den seiner Partnerin. Potenz ist aber aus yogischer Sicht nicht nur sexuell zu verstehen. Sie bezeichnet ganz allgemein auch die Kapazität des Mannes, seine Ideen nach außen zu projizieren. Potenz basiert auf vielen Faktoren – körperlichen, geistigen und spirituellen.

Indem wir bei der Ernährung ganz selbstverständlich auch Rücksicht auf unsere geschlechtsspezifischen Unterschiede nehmen, unterstützen wir uns in Selbstakzeptanz. Nehmen wir uns selbst an, schließen wir Frieden mit uns. Und haben wir Frieden mit uns, haben wir auch Frieden mit unserem Umfeld. Hier spiegelt sich der yogische Grundsatz: „Wie im Innen so im Außen." Er entspricht dem dritten hermetischen Grundsatz und wurde etwa 200 v. Chr. von einem Griechen mit dem Namen Hermes Trismegistos niedergeschrieben.

Wenn Sie die Mahlzeit in Ihrer Beziehung oder Familie dauerhaft als integratives Element nutzen möchten, sollten Sie darauf achten, die Bedürfnisse beider Geschlechter, egal welchen Alters, ausreichend zu berücksichtigen. Respekt, nicht unbedingt Verstehen, steht auch hier an erster Stelle. Man kann Mahlzeiten so gestalten, dass alle zu ihrem Recht kommen, ohne dass jeder einen Extrateller braucht. Neben einigen Gerichten, die alle erfreuen, können Sie auch gut mehrere einzelne Speisen zubereiten und auf den Tisch bringen. Jeder kann dann die Mahlzeit nach seinem Gusto zusammenstellen. Wenn etwas übrig bleibt, lässt sich daraus ein Lunchpaket, eine Füllung für das Schul-Sandwich oder ein zweites Minidinner für den hungrigen Spätesser zaubern. Im Kapitel Mahlzeiten finden sich dazu weitere Anregungen.

Zum Thema Knabbern: Im traditionellen Indien, wo die Frau dem Mann dienen soll, gibt es ein charmantes Ritual namens „Peanut Hour". Nach der Arbeit treffen sich Frauen gegen 18 Uhr auf der Straße, im Park oder im Café und teilen sich ein Tütchen Erdnüsse, während sie sich über ihren Tag und ihre Themen austauschen: Arbeit, Familie, neue Ideen, Männer, Mode und den neuen Haarschnitt – Ladies' Talk eben. Die Plauderstunde dauert etwa 45 Minuten. Dann ist alles gesagt, man hat den Kopf frei für die Kinder und den Partner, der die neuen Schuhe nun gar nicht mehr bewundern muss, sondern dies bestenfalls kann.

Die ungemachten Hausaufgaben der Kinder können keine explosive Mischung mehr mit dem eigenen Tagesfrust eingehen und der eben vernommene Rat der Freundin, die Dinge etwas lockerer zu sehen und die eigene Rolle nicht zu ernst zu nehmen, tut das Übrige.

+ Frauen sollten Salz meiden, da sie ohnehin dazu neigen, Wasser im Gewebe einzulagern. Zitronensaft ist eine gute Alternative zum Würzen.

+ Essen Frauen eher sauer als basisch, kann dies menstruationsverlängernd wirken.

+ Joghurt ist für Frauen ein Wundermittel, um den Darm zu pflegen.

+ Frischer Ingwertee lindert Schmerzen während der Menstruation.

+ Auberginen energetisieren das gesamte System der Frau und gleichen den Hormonhaushalt aus.

+ Frauen sollten „feucht" essen und beispielsweise Salat nicht ohne Dressing zu sich nehmen. Ihr weniger leistungsstarker Magen ist schnell damit überfordert, die trockene Nahrung in den notwendigen Nahrungsbrei umzuwandeln und die fehlenden „Säfte" werden dem Körper dann an anderen Stellen entzogen, zum Beispiel aus der Haut.

+ Frische Feigen wirken auf Männer beruhigend.

+ Ghee und geklärte Butter regulieren beim Mann sowohl das Körpergewicht als auch den Hormonhaushalt.

+ Zwiebeln, besser roh als gekocht, kurbeln die Samenproduktion an und stärken die sexuelle Energie des Mannes.

+ Safran gilt als konzentrierte Hitze in Form eines Krautes. Laut alten indischen Schriften ist er unerlässlich zum Erhalt der männlichen Kraft (Yang) und des Elans.

+ Fleisch ist für den Mann deutlich weniger belastend als für die Frau.

GEMÜSESALAT AUS MÖHREN UND ROTEN BETEN

„POTENTE" KARTOFFELN

GEMÜSESALAT AUS MÖHREN UND ROTEN BETEN

Für 5–6 Personen | vegan, glutenfrei

500 g Möhren
500 g Rote Beten
80 g Sonnenblumenkerne
1 EL Sherryessig oder
   weißer Balsamico

7 EL Ahornsirup
4 EL Olivenöl
1 Knoblauchzehe, geschält
   und fein gewürfelt
Grobes Meersalz

Frisch gemahlener Pfeffer
60 g Babyspinat oder
   Feldsalat
1 Bund Kerbel

Als Erstes sollte der Backofen auf 200 Grad Umluft oder Ober- und Unterhitze vorgeheizt werden. Möhren und Rote Beten waschen, einzeln in Alufolie wickeln und im Ofen garen. Das dauert bei den Möhren etwa 20 Minuten, bei den Roten Beten je nach Größe und Gewicht 25–35 Minuten. Nach Ablauf dieser Zeit das Gemüse auswickeln und mit einem Messer kontrollieren, ob es vollständig weich ist. Falls nicht, die Garzeit noch einmal verlängern. Das Gemüse abkühlen lassen.

Gleichzeitig mit dem Gemüse die Sonnenblumenkerne rösten. Dazu die Kerne auf einem Stück Backpapier verteilt 8 Minuten im Ofen braten, bis sie leicht bräunlich werden. Beiseitestellen.

In der Zwischenzeit Essig, Ahornsirup und Olivenöl in ein Schraubglas geben. Knoblauchzehe, 1 gute Prise Meersalz und etwas Pfeffer hinzufügen und alles kräftig durchschütteln.

Wenn Möhren und Rote Beten gar sind, auswickeln und leicht abkühlen lassen. Die Schale der Roten Beten lässt sich nun leicht abziehen – unbedingt Handschuhe tragen, weil sie stark färben. Die Möhren nur dann schälen, wenn sie eine dicke Winterschale haben. Beide Gemüse in etwa 2 cm große Würfel schneiden, mit der Vinaigrette vermengen und etwas ziehen lassen.

Babyspinat oder Feldsalat sowie Kerbel waschen und trockenschleudern. Die Blättchen vom Kerbel zupfen. Salat und Kerbel erst kurz vor dem Servieren – man kann den Salat warm oder kalt essen – unter das Gemüse mischen und alles auf einer Platte anrichten. Nun noch etwas grob gemahlenen Pfeffer und die Sonnenblumenkerne über allem verteilen.

ROTE BETEN sind gut für Frauen. Sie enthalten viel Eisen, Kieselsäure für Haut, Haare und Knochen sowie Folsäure, die besonders für Schwangere wichtig ist. Die Betalain-Pigmente in Roten Beten bringen die Entgiftung des Körpers in Gang. Sie stimulieren die Funktion der Leberzellen, stärken die Gallenblase und sorgen für freie Gallengänge. Die in ihnen enthaltenen Ballaststoffe erhöhen zusätzlich die Produktion von Entgiftungsenzymen in der Leber: einfach DETOX. Bei Gefahr von Nierensteinen sind Rote Beten zu meiden.

„POTENTE" KARTOFFELN

Für 4 Personen | vegetarisch, glutenfrei

4 große Kartoffeln (mehlig kochend)

4 EL Olivenöl

3 mittelgroße Zwiebeln, geschält und fein gewürfelt

1 Knoblauchzehe, geschält und fein gewürfelt

60 g frische Ingwerwurzel, gerieben

1 TL frisch gemahlener Pfeffer

1 ½ TL Kurkuma

1 TL Peperoncini oder getrocknete Chili (nach Geschmack auch weniger)

Samen von 3 Kapseln Kardamom

½ TL Zimt

2 Lauchzwiebeln, in feinen Ringen

½ Tasse frische Kräuter, fein gehackt (Koriander, Lauchzwiebel, Thaibasilikum oder glatte Petersilie)

220 g Hüttenkäse

Den Backofen auf 180 Grad Umluft vorheizen. Die Kartoffeln waschen, abtrocknen, mit etwas Olivenöl bestreichen und auf einem Blech im vorgeheizten Ofen etwa 60 Minuten vollständig durchgaren. Gegen Ende der Garzeit den Rest des Öls in einer Pfanne erhitzen. Zwiebeln, Knoblauch und Ingwer mit Pfeffer, Kurkuma, Peperoncini oder Chili, Kardamom und Zimt im heißen Öl glasig dünsten. Eventuell etwas Wasser zugeben.

Die gegarten Kartoffeln aus dem Ofen holen und halbieren. Mit einem Löffel großzügig das weiche Innere herauslösen und zur Zwiebel-Gewürz-Mischung geben. Alles durchmischen und die Masse dann wieder in die ausgehöhlten Kartoffelhälften füllen. Die Hälften noch einmal kurz zurück in den heißen Ofen schieben.

Die Kartoffeln aus dem Ofen nehmen, Lauchzwiebeln und Kräuter darauf geben und mit etwas Hüttenkäse servieren.

„Als es dieses Kartoffelgericht am Shooting-Tag zum Mittagessen gab, war es still auf der Jungsbank und wir beiden Frauen konnten gerade einmal ein kleines Probestück ergattern."

SAFRAN-MANDEL-REIS MIT JOGHURT

Für 6 Personen | vegetarisch, glutenfrei

1 TL Safranfäden
¼ l Milch
300 g Basmatireis

1 EL Ghee
6 Knoblauchzehen, geschält
und fein gewürfelt

75 g Mandelstifte*
½ TL Zimt
450 g Naturjoghurt

Den Safran über Nacht in der Milch ziehen lassen und am nächsten Morgen kräftig aufschlagen. Den Reis waschen und mit 2 Tassen Wasser sowie der Safranmilch zum Kochen bringen. Die Hitze reduzieren und den Reis bei geschlossenem Deckel etwa 12 Minuten garen. Ghee in einer kleinen Pfanne erhitzen. Knoblauch und Mandelstifte darin anrösten. Zum Reis geben und diesen weitere 8 Minuten garen. Mit Zimt bestreuen und dazu Naturjoghurt servieren.

* Möchte man die Mandeln selbst häuten und stifteln, legt man sie für mindestens 10 Minuten in warmes Wasser. Danach lassen sich die Häutchen einfach abstreifen.

DAZU PASST ein grüner Salat mit einer leichten Vinaigrette oder der Gemüsesalat aus Möhren und Roten Beten von Seite 152.

REIS MIT DEN DREI KÖNIGLICHEN KNOLLEN

Für 4 Personen | vegetarisch, glutenfrei

250 g Basmatireis
2 Zwiebeln, geschält und
fein gewürfelt
2 Knoblauchzehen, geschält
und fein gewürfelt

2 ½ cm frische Ingwerwurzel, geschält und gerieben
125–180 ml Ghee
1 gehäutete Tomate

1–1 ¼ kg grob gehacktes
Gemüse (nach
Geschmack)

Den Reis gründlich waschen. In einem Topf Zwiebeln, Knoblauch und Ingwer unter Rühren in Ghee andünsten, bis die Zwiebeln zerfallen. Die gehäutete Tomate, das Gemüse und den Reis hinzufügen, 2 Liter Wasser angießen und alles bei geschlossenem Deckel auf niedriger Stufe sanft köcheln, bis der Reis und das Gemüse gar sind. Es kann sein, dass je nach Gemüse, noch etwas Wasser zugegeben werden muss.

„DIE SCHÖNSTE FRAU IST EINE ENTSPANNTE FRAU." YOGI BHAJAN

JAALAA-JEERA –
WENIGER GEWICHT FÜR MÄNNER UND FRAUEN

Ergibt 4 Gläser | vegan

8 Bio-Zitronen
½–¾ Tasse frische Min-
zeblätter (oder etwas
weniger getrocknete)
450 g Kreuzkümmel

½ TL schwarzes Salz
1 EL grob gemörserter
schwarzer Pfeffer

Die Bio-Zitronen heiß waschen und vierteln. Mit den anderen Zutaten in einen Topf geben, mit 5 Litern Wasser auffüllen und alles zum Kochen bringen. Die Hitze reduzieren, sodass der Tee nur noch schwach vor sich hin köchelt. Den Deckel auf den Topf setzen. Nach 4 Stunden – so lang dauert es, bis sich das heilende Extrakt aus dem Kreuzkümmel gelöst hat – den Tee durch ein Sieb abgießen. Warm oder kalt trinken. Der Tee hält sich im Kühlschrank einige Tage.

MIT AUSNAHME der Zitronenviertel können alle Zutaten bedenkenlos für einen zweiten Aufguss verwendet werden. Reduzieren Sie die Wassermenge dann jedoch auf 3 Liter und die Kochzeit auf 1 Stunde.

ZUGEGEBEN, DIESER Tee es ist eher eine Medizin als ein Sundowner. Er hilft, Fettablagerungen im Körper zu reduzieren. 2–3 Gläser pro Tag verbessern zudem das Erscheinungsbild der Haut, weil er die Darmschleimhaut reinigt und dem Körper viel Vitamin C zuführt.

SPICY MÖHRENSALAT AUS DEM OMAN

Für 5 Personen | vegan, glutenfrei

4 TL Kreuzkümmel

3 kleine getrocknete Chilis

5 Knoblauchzehen, geschält und grob gewürfelt

50 g frische Ingwerwurzel, geschält und grob gewürfelt

1 TL Salz

1 TL Kurkuma

75 g Rohrohrzucker

3 TL Pflanzenöl

2 TL Senfsamen

6 frische Curryblätter (oder 4 getrocknete)

100 ml Apfelsaft

200 ml Apfelessig

1 kg Möhren, geschält und in dünne Streifen gehobelt

Zunächst die Gewürzmischung vorbereiten: 2 TL Kreuzkümmel mit den getrockneten Chilis im Mörser zerstoßen. Knoblauch und Ingwer dazugeben. Salz zufügen und alles zu einer Paste verarbeiten. Anschließend das Curcuma und zum Schluss den Zucker zugeben. Man kann auch gut alle Zutaten mit dem Pürierstab vermengen.

In einer Pfanne das Pflanzenöl sanft erhitzen. Den restlichen Kreuzkümmel und die Senfsamen darin anrösten, bis sie zu springen beginnen. Dies dauert etwa 30 Sekunden. Die Curryblätter hinzufügen und alles für rund 2 Minuten garen lassen. Apfelsaft und Apfelessig dazugeben, die Gewürzpaste einrühren und alles einmal aufkochen lassen. Anschließend die Möhren dazugeben und bei geschlossenem Deckel bei kleiner Hitze 10–15 Minuten sanft garen lassen. Die Möhren sollten al dente und die Flüssigkeit auf ⅓ eingekocht sein. Den Topf vom Herd nehmen und den Inhalt auskühlen lassen. Die abgekühlten Möhren in einer verschließbaren Dose 12–20 Stunden ziehen lassen.

„Dieses Rezept hat mir der Küchenchef des Alila-Hotels im Oman geschenkt. Fünf Tage stoppte ich am Frühstücksbüfett wie ferngesteuert vor dieser Schüssel – für mich vollkommen ungewohnt, denn morgens esse ich normalerweise gerne warm und süßlich. Der Salat eignet sich aber auch ganz, ganz prächtig für die Lunchbox."

MS WHIZ

Ergibt 1 gute Portion | vegan

1 reife Banane
½ l frisch gepresster
Orangensaft

1 EL Chlorophyllpulver aus
    Weizengras, Gerstengras,
    Brennnessel oder Moringa

2 EL Reissirup
2 EL Mandel- oder Sesamöl

Alle Zutaten in den Mixer geben und glatt schlagen. Fertig!

 DER SMOOTHIE ist das perfekte Frühstücksgetränk für Frauen. Er ist superleicht verdaulich und das Sesamöl darin ist eine hervorragende Kalziumquelle, weshalb er unter anderem Osteoporose vorbeugt. Wer abnehmen will, trinkt drei Tage anstelle einer Mahlzeit eine Portion davon. Wirkt viel besser als irgendein Abnehm-Drink aus der Apotheke.

„... und begann, mich der Fleisch-nahrung zu enthalten. Schon nach Jahresfrist fiel mir diese Gewohnheit nicht nur leicht, sondern war mir angenehm. Ich hatte das Gefühl größerer geistiger Beweglichkeit."

**SENECA DER JÜNGERE,
PHILOSOPH**

GOOD TO KNOW

An dieser Stelle möchte ich noch einmal an einigen Lebensmitteln deutlich machen, dass sie auch Heilmittel sind. Wir sollten diese erfreuliche „Zusatzfunktion" kennen- und schätzen lernen. Sicher ist es eine Wissenschaft für sich, aber man kann ja einfach einmal mit einigen wenigen Dingen anfangen und sein Wissen langsam steigern.

Mandeln: Die Mandel verdient sowohl äußerlich als Öl als auch als Nahrungsmittel ein glatte Eins. Massiert man die nasse Haut nach dem Duschen mit Mandelöl, reinigt dies von Schmutz, aber auch von ausgeschiedenen Giftstoffen und wirkt rückfettend ohne jegliche Zusatzstoffe. Seife ist überflüssig. Eine tägliche Mundspülung mit Mandelöl schützt vor Entzündungen des Zahnfleisches. Dazu 1 Löffel Mandelöl für ca. 1 Minute im Mund bewegen und dann ausspucken.

Köstlicher ist der Verzehr von Mandeln. Man sollte sie jedoch immer häuten, denn die Haut enthält schädliche Bitterstoffe. Der Kern liefert ungesättigte Fettsäuren, Mineralstoffe wie Magnesium, Kalzium, Kupfer, Vitamin B und E und vor allem hochwertiges Eiweiß. Studien weisen darauf hin, dass der regelmäßige Verzehr von 60 Gramm Mandeln täglich zu gesunden Cholesterinwerten, verbesserter Knochendichte und erhöhter Insulinsensitivität bei Diabetes führt.

Schwarzer Pfeffer wurde schon von Hippokrates als Heilmittel genannt. Er sei ein „erwärmendes", verdauungsförderndes, harntreibendes Mittel. Das Piperin im Pfeffer hilft bei Krämpfen, Rheuma und unreiner Haut. Es regt die Fettverbrennung an, ebenso wie die Endorphinausschüttung. Macht Schokolade mit Pfeffer dann doppelt glücklich?

Stangensellerie ist besonders kalorienarm. 100 Gramm haben ganze 15 Kilokalorien. Im alten Ägypten dienten die Blätter und Blüten des wild wachsenden Selleries als Grabbeigaben und Heilmittel. Sellerie hilft bei rheumatischen Beschwerden und in der TCM wird Selleriesaft bei Bluthochdruck verordnet. Staudensellerie ist basenbildend und reich an Antioxidanzien. Er schützt die Magenschleimhaut, kräftigt das Herz-Kreislauf-System und das enthaltene Apigenin stoppt die Vermehrung der Krebszellen, besonders bei Brust-, Darm- und Lungenkrebs (Studien des National Cancer Institute).

Superfood wie Chia, Matcha, Acai, Moringa, Baobab, Gojibeeren oder Blütenpollen sind keine neumodischen, chemischen Verbindungen wie die sogenannte Astronautennahrung. Es sind pflanzliche Stoffe, die in der jeweiligen Region oder Kultur, aus der sie stammen, häufig schon eine sehr lange Tradition als Heilmittel haben. Leider sind sie oft auch wirklich sehr teuer und auch nur im Internet oder in sehr ausgewählten Geschäften zu haben. Superfood ist eben eher „Medizin" als ein Gemüse oder Obst. Also Apothekenpreise. Aus diesem Grunde habe ich in MY YOGA CANTEEN weitestgehend auf die Verwendung dieser Produkte verzichtet. Es ist allerdings sehr interessant, sich damit zu beschäftigen, und wenn man gezielt gesundheitliche Probleme durch Ernährungsumstellung beheben möchte, ist es ratsam, auf Superfoods zurückzugreifen.

Milchprodukte sind sparsam einzusetzen oder besser zu meiden. Die Milch eines Muttertieres dient der Aufzucht ihres Jungen. Jungtiere müssen schnell wachsen. So enthält Kuhmilch zum Beispiel viel Wachstumshormon, das ein erwachsener Mensch nicht braucht. Schlimmer noch, es wird das Wachstum von Krebszellen provoziert. Eine Milchkuh gibt heute 7.352 Kilogramm Milch im Jahr, 1900 brauchte sie nur 2.165 Kilogramm zu geben. Diese Steigerung hat ihren Preis. Die Belastung der Milch mit Antibiotika und Hormonen, die wir mit Milch, Käse, Sahne und Joghurt aufnehmen, bleibt auch für unseren Körper nicht ohne Folgen.

Flohsamen sind die Samen der Pflanze Plantago ovata, die unserem Spitzwegerich ähnelt. „Indische Flohsamen" kommen aus Indien oder Pakistan und sind deutlich wirkungsvoller als ihre europäischen Verwandten. Aufgrund ihrer enormen Quellfähigkeit sind sie als Bindemittel von glutenfreien Backwaren genauso geeignet wie als natürliches Darmregulans. Flohsamenschalen quellen stärker als die ganzen Flohsamen. Sogenannte Flosine-Schleimsaccharide binden viel Wasser, wodurch das Stuhlvolumen im Darm zunimmt. Dadurch entsteht Druck auf die Darmwand, was die Peristaltik anregt und schließlich den Darmentleerungsreflex auslöst. Aufgrund ihrer Quellfähigkeit eignen sich Flohsamen auch zur Gewichtsreduktion. Sie machen satt, ohne selbst nennenswerte Brennwerte zu liefern. Außerdem vermindern sie Blähungen. 2 Teelöffel pro Tag mit ausreichend Flüssigkeit sind eine gute Dosis, um die Verdauung auf natürlichem Wege zu regulieren. Allerdings dürfen Flohsamenschalen nicht zusammen mit Milch konsumiert werden, da sie dann nicht quellen.

Tierisches und pflanzliches Protein. Alle Proteine werden zu Aminosäuren abgebaut, aus denen der Körper dann „seine" Proteine baut. Tierisches Protein ist dem des Menschen baugleicher, allerdings ist es für uns auch schlechter verdaulich als pflanzliche Proteine. In der Regel nehmen die Menschen in hochzivilisierten Ländern zu viel Eiweiß zu sich. Überschüssiges Eiweiß wird von der Leber abgebaut und als Harnsäure über die Nieren ausgeschieden. Sind die Nieren damit überlastet, bilden sich Kristalle, die sich als Nierensteine festsetzen können. Zur Proteinverdauung braucht der Körper Kalzium, das er unter Umständen den Knochen entzieht. Harnsäure wirkt zudem entwässernd und nimmt so dem Körper wichtige Mineralien. Auch hier verlieren wir erneut Kalzium. In Ländern, in denen die Menschen eher wenig Fleisch und Milchprodukte essen, tritt Osteoporose nur sehr selten auf.

Petersilie ist reich an Vitamin A, B$_1$ bis B$_6$, B$_{12}$, C und K, an Betacarotinen, Folsäure, Kalzium, Magnesium, Phosphor, Eisen, Mangan, Kalium und Schwefel – und all das in bester organischer, also leicht verwertbarer Qualität. Durch den hohen Chlorophyllanteil wirkt sie zudem gegen Mundgeruch und entgiftet Leber und Nieren.

Sumach wirkt antitoxisch; die in ihm enthaltenen Anthocyane binden zudem freie Radikale und verbessern die Sehfähigkeit.

Sesam ist besonders vitalstoffreich. Er stärkt die Knochengesundheit, wirkt blutdrucksenkend und versorgt Haut und Haar. Mit Sesam würzten schon die ägyptischen Götter.

Minze ist ein bewährtes Heilmittel bei Erkältungen, Magen-Darm-Verstimmung, Blähungen und Gastritis. Die ätherischen Öle beruhigen die Gallenblase, regulieren die Verdauung und helfen bei Kopfschmerz und Herpes.

N

„NOT ALL OF US CAN DO GREAT THINGS BUT WE
CAN DO SMALL THINGS WITH GREAT LOVE."

MUTTER TERESA

In diesem Sinne haben wir alle an diesem Buch gearbeitet. Ich verstehe es als kleinen Beitrag dazu, eine große Idee weiterzuverbreiten. Danke an alle, die dazu beitragen. Es sind weit mehr, als das Impressum fassen könnte. Meine spirituellen Lehrer, meine Söhne, die mich ermutigt haben, Michael, der großartige Verlag und alle diejenigen, die mir zu der Erkenntnis verholfen haben: Wünsch dir etwas und hab keine Angst, es dann auch zu empfangen.

IMPRESSUM

© 2016 ZS VERLAG GMBH
KAISERSTRASSE 14 B
D-80801 MÜNCHEN

ISBN 978-3-89883-596-1
1. AUFLAGE 2016

KONZEPT, TEXTE, REZEPTE: Marlo Scheder-Bieschin
FOTOGRAFIE: Marlo Scheder-Bieschin
FOTOASSISTENZ | GOOD KARMA BOY: Jonas Reichert
GESTALTUNG: Anja Laukemper
FOOD: Adam Koor
STYLING: Katrin Heinatz
PORTRÄT S.4 & 68: Jonas Reichert
PORTRÄT S.70: Ingrid von Hoff
PORTRÄT S.131: copyright Gurumustuk Singh, showing Yogi Bhajan
STARRING: Marion Geller-Stahl | Franziska Kuhlenkampf Ilka Kühl
Bettina Lange | Dagmar Richter | Ralf und Ina Tiedt
Julia Kosegarten | Luise Pohle | Marthe Schulze | Ingrid von Hoff
PROJEKTLEITUNG VERLAG: Eva Dotterweich
LEKTORAT: Sylvie Hinderberger
HERSTELLUNG & PRODUCING: Jan Russok
DRUCK & BINDUNG: optimal media, Röbel

DIE ZS VERLAG GMBH IST EIN UNTERNEHMEN DER EDEL AG, HAMBURG.
WWW.ZSVERLAG.DE | WWW.FACEBOOK.COM/ZSVERLAG